朗然明性

藏傳佛教大手印及大圓滿教法選集

PERFECT CLARITY

A Tibetan Buddhist Anthology of Mahamudra and Dzogchen

蓮花生大士、伊喜·措嘉、龍欽巴、
密勒日巴、祖古·烏金仁波切等大師——著

普賢法譯小組——譯

大手印與大圓滿，
字雖異，然義相同。
唯一差異乃在於：
大手印側重正念，
大圓滿於覺性中休息。

——策勒・那措・讓卓（Tsele Natsok Rangdrol）

目次

3

4

雙運

191

前言

瑪西亞・賓德・史密特（Marcia Binder Schmidt）

對於大圓滿、大手印之道的修行者來說，最大的法喜之一莫過於親自領受了證上師的講解。能夠依循這些指導而修持所帶來的振奮，若再加上導引手冊提供的激勵和支持，將使這種振奮進一步增強。這些文本中的竅訣非常簡單、直接，只要我們獲得個人的指導，就可以輕鬆地運用，無須擔心任何過失。本書收錄的文選提供了不可思議的智慧，極具啓發且甚爲重要。

在蒐集這些文選時，令我出乎意料的是，儘管這些大師在當時多爲極其偉大的學者，但他們同時也以修道成就聞名，而且雖然博學多聞，卻能寫出精鍊務實的修行教言。若略舉幾位大師名號，諸如岡波巴、龍欽巴、蔣貢・工珠等，他們結合了自身的學習與成就，從中淬鍊出教導的精華要點，並撰寫易於使用的導引手冊。對於我們這樣的凡夫來說，這些精要、簡練的重點必須由自己的上師再次為我們闡釋。若只憑自己閱讀文字，以為我們無須倚靠上師的解釋就能通達一切，這是絕對不足的。雖然要徹底理解與吸收就必須透過實修，但我們仍然需要接受滋養與導引。唯有藉此才能使「三正量」（三種圓滿準則）得以完善，這三種也就是以佛陀與了證上師之語為助伴、以上師之教誡為助伴、以自身的清淨體驗與智慧為助伴。

《朗然明性》本書一開始以祈請文作為序曲，並有一篇讓修行者在家禪修時可念誦的祈願文，接著依序是大手印與大圓滿的見地教導，最後的〈雙運〉篇章則結合大手印與大圓滿的法門。這本選集能夠問世，要歸功於一群盡心盡力的人。首先，誠摯感謝本書譯者艾瑞克．貝瑪．昆桑（Erik Pema Kunsang），生動地重現這些竅訣指引；主編麥克．推特（Michael Tweed），不疲不厭地琢磨文字與意涵；最可靠且才華洋溢的文字編輯梅根．豪爾（Meghan Howard），準確地掌握全文義理；

兩位謹慎的常任校訂者林・施羅德博士（Dr. Lynn Schroeder）以及麥克・佑基（Michael Yockey）；喬安・奧森（Joan Olson）優雅的排版設計令人心悅神怡；藝術家瑪麗安・利帕（Maryann Lipaj）設計如此啓發人心的封面。

如過往一般，我們同樣地至誠感謝李察・吉爾（Richard Gere）以及吉爾基金會（Gere Foundation）的莫利・羅致給（Mollie Rodriguez），感謝他們長久以來對我們作品的支持及信心。在當前的艱難時代裡，他們如此慷慨地支持書籍發行和翻譯，爲這條融合原創與傳統二者的變化莫測之路，提供了一盞明燈。

最後，我們以最誠摯的感恩獻給各篇的作者。這些了證者從未放棄如我們一般的無助眾生，並爲我們提供各方面的修道指引。願我們能實現本書中的教言，爲無數迷惘的眾生帶來無上利益，以作爲對其恩德的微少回報。

在拍攝祖古・烏金仁波切（Tulku Urgyen Rinpoche）的這張法照時，
艾瑞克向仁波切請求，
希望能有一張讓所見者皆與大圓滿教法結下特別緣分的相片。
仁波切回答：「像這樣嗎？」
喀嚓！〔即時拍下〕

導引手冊介紹

祖古・烏金仁波切

運用聞、思、修所得的三慧，以及對大手印和大圓滿教法在理論上的了解、〔在實修上的〕覺受和了證，你將擁有能於此生成就圓滿正覺所需的一切。

於此末法時期，最有效的教學風格不是冗長的學術解釋，而是直接了當的導引手冊（藏文：triyig）。大圓滿密續是以含義隱蔽的方式撰寫而成，因此只有極精於講解與論典的大師才能夠闡明其意涵。另一方面，導引手冊則以講解為基礎，是簡短且全面的教導，撰寫方式簡潔明白。這類大手印與大圓滿教法的集要，就包含了一位具格行者要於此生證得本初佛果境地的一切所需。

雖然大手印與大圓滿使用了不同的詞彙，但在實相上，兩者的究竟意義完全沒有差別。經由這樣的教法，當面臨死亡的時候，在心與身的連結斷開的那一刻，心便與法身相融。然而，在仍然保有此身的時候，也可能在奧明法界❶之中成就眞實圓滿的證悟。

偉大的上師們曾經說過，若要認出本覺，就要累積資糧、淨除遮障，並獲得具德上師的加持。應當了解，若是想靠其他方法來認出本覺，則爲妄想。你可曾聽說有誰只憑閱讀書本就認出了無二的覺性？除了領受加持、累積資糧、淨除遮障，別無其他方法可讓人認出本覺。

虔敬心比學問更重要。一個人有可能在辯論與分析思考方面獲得令人欽佩的技巧，卻仍認爲大圓滿教法有缺失，誤以爲大圓滿教法是大乘和尚❷「頓悟」學派追隨者的謬見。

領受加持，意指生起深切虔敬之際。僅僅依靠智識上的推論，確實非常難以認出本覺。噶舉派和寧瑪派強調的古蘇魯❸純然安住修，乃相對於班智達❹的觀察修。生起虔敬、領受加持、專注禪修，乃是往昔無數修行者得以成就的唯一法門。

噶舉派與寧瑪派是因世代以來的了證大師聞名，而非以偉大學者著稱。雖然噶舉和寧瑪派也曾有不少大學者，但大多數行者皆爲在家的男女居士。而其中有數不盡的修行者，藉由此簡單、直接的教導傳統，實際上在圓寂時以坐姿禪定於無散亂的智慧之中。你可以親自閱讀寧瑪派與各個噶舉傳承中關於修行者的驚奇事蹟記載，便可得知。另外則有成就者塞東・修貢（Seltong Shogom）與他的一群弟子，在堅硬岩石上留

編按：○為原註；●為譯註。

❶梵文 Akanishtha 通常翻譯為色究竟天，在此採藏文（'og min）音譯而稱奧明淨土，後者具有三種類型和六種意義。其中，以大乘佛教的觀點，一切諸佛先在色究竟天證得正覺，而後化身在凡俗眾生的世界中，顯現為成就正覺的樣貌。

❷大乘和尚（約八世紀），又稱摩訶衍那，指的是漢地佛教禪宗在西藏的代表人物，由藏王赤松德贊主持，與代表印度佛教、以蓮花戒論師為首的僧團展開一場著名的大辯論。大乘和尚先勝後敗，使得漢地佛教在西藏的影響從此逐漸減弱。

❸古蘇魯（Kusulu），指流浪者或實修者。噶瑪恰美仁波切所著《山居法》中說道：「所謂古蘇魯，除此三想（吃喝、拉撒、睡）外，別無他俗務，一心修禪定。」

❹班智達，梵文 Pandita，指學識淵博的大學者。

下三十多個清晰腳印的例子。在我小的時候，父親曾帶我到東藏去看這些腳印。許多地方的岩石就好比麵糰一樣地被塑型，眞是驚人！

藏曆每個月的第十五天，滿月落下之際，太陽同時升起——二者之間沒有任何空隙。大鵬金翅鳥出生時，雙翼就具備充足的力量，一旦破殼而出便可立即飛翔。相同地，大圓滿或大手印的修行者在色身死亡時，將同時證得圓滿佛果。因此，在死亡之際，經驗老到的瑜伽士不會失去意識，而是獲得證悟！

1

祈請文

龍欽巴

甘露之雲堤

龍欽巴❶

對三根本的深切祈請與熱望

十方勝者及勝者子嗣，
一切賢善聲聞、獨覺眾，
與諸佛法行者敬祈請。
大悲眷顧且賜予加持。

十方的勝者以及勝者的子嗣，
一切賢善的聲聞眾和獨覺眾，
以及所有的佛法修持者，我恭敬地向您們祈請。
請您們慈悲地眷顧我，並賜予加持。

❶龍欽巴尊者（Longchen Rabjam），藏傳佛教寧瑪派的學者與伏藏師，被視為蓮花生大士之後的第二佛陀。參見書末簡介。

三傳承師與寂忿本尊，
空行勇父與諸佛菩薩，
護法、具誓與實語仙人，
慈愛加持此祈請之子。

嗟瑪疾呼！吾等可憐人，
難忍業力煩惱久侵逼。
請以大慈大悲施援手，
請於此時此刻引導我。

自性雖為本初即證悟，
無明迷妄徘徊於存有。
吾於如夢輪迴甚孤單，

三傳承的上師們，寂靜和忿怒的本尊眾，
空行母與勇父，諸佛與菩薩眾，
護法與三昧耶持守者（具誓護法），
證得眞實語的仙人眾，
請慈愛地加持這位正在祈請的孩子。

哀哉悲嘆啊！如我這般可憐的人，
長久以來，爲無可忍受的業力與煩惱所折磨。
請以大慈大悲伸出您們的手，
在此時此刻引導我。

雖然我的自性是本初即證悟的，
但因無明和迷惑，我在存有中徘徊著。
在這個如夢的輪迴中，我如此孤單淒涼，

祈請庇祐並施予保護。

請自無盡難渡輪迴海，
救拔我及無量有情眾。
引領乘於無上智慧舟，
跨越痛苦汪洋之大海。

深植已久習氣之顯現，
及對迷妄經驗之二執，
較之須彌而更為高聳，
祈以殊勝解脫智金剛，
此時此刻即予以摧毀。

請庇祐我，並且保護我。

請從這個難以跨越的無盡輪迴大海，
拯救我及無量的有情眾生。
帶領我們搭乘無上的智慧之舟，
跨越這片痛苦的大海。

深植已久的習氣顯現，
以及對迷妄經驗的二元執著，
比須彌山還更爲高聳。
請以殊勝解脫的智慧金剛，
此時此刻就將它們摧毀。

長久深重無明闇遮障，
難以測度且不見其終。
祈以汝等智慧光淨除，
遮蔽光明本質之巨幕。

吾人所造唯惱苦之因，
請令吾心完全遠離於
世間無謂繁瑣之關注，
並且晝夜均行持佛法。

邪見有如波浪層層起。
種種分別隨逐五塵❷生，
八識聚、習氣與含藏識❸，
請令彼等於法界中平息。

如此深重遮障的無明黑暗已長久持續，
難以測度，且無法看到終點。
請以您們的智慧光芒，淨除
這片遮蔽光明本質的巨大蓋障。

我的所作所爲不過是煩惱和痛苦的因，
請讓我的心完全遠離
對此世間的各種無謂關切，
並讓我日日夜夜都行持佛法。

邪見有如層層疊疊的海浪。
種種分別念頭追逐著五塵而生，
八識聚、習氣、一切種子識，
請讓它們都平息於法界之中。

欲界煩惱心意念習氣，
色界明與無色界無念
此輪迴心相連之習氣，
祈令彼等悉皆得淨除。

意念的習氣——欲界之煩惱心，
與色界明和無色界無念之輪迴心
相連的習氣，
請令其全數淨化。

既已離於追求獨寂靜，
彼乃為自利修卑劣心，
外內密法勝道令吾入，
並為利他而作廣大行。

既然已經遠離對獨自寂靜的追求，
也就是爲自利而修行的低劣態度，
請讓我進入殊勝的外內密教法之道，
並令我爲利益他人而廣行事業。

---

❷色、聲、香、味、觸。

❸第八識，也稱種子識或阿賴耶識。識聚，collections〔of consciousness〕，《成唯識寶生論》云：「復是容有如六識身。名為識聚。」《攝大乘論》云：「依緣此本識。是識聚得生。謂眼識乃至意識。」又云：「如經言。此眼等五根所緣境界。一一境界意識能取。分別意識為彼生因。復有別說分別說。十二入中是六識聚說名意入。」

行於劣謬顛倒道諸眾，
業力三毒習氣全淨除，
請助彼等無餘齊行旅，
往至滿願心髓解脫堡。
吾等長久無始亦無終，
沉於煩惱闇黑遮障海，
毫無機緣尋求自解脫，
祈以大悲救度吾等眾。
今日即自難忍重煩惱，
諸多悲苦存有之痛楚，
放逸、懈怠、依他轉之中，
令吾等眾得以盡解脫。
對於處於劣道、顛倒道或謬誤道的眾生，
請完全淨除其業力、三毒和習氣，
請幫助每一個人，無有例外地一起前往
滿願心髓的解脫城堡。
我們長久以來，無始也無終，
沉淪於滿是煩惱的遮障大海中，
毫無機會自行尋求解脫，
請您們以大悲令我們解脫。
請今日就讓我們從難以忍受的厚重煩惱中，
從諸多悲苦的三有痛楚中，
從縱容、懶惰、不能自主的態度中，
完全解脫。

願能徹悟諸般虛誑法，
皆為無常不定魅心幻，
祈令吾等皆日以繼夜，
至心於彼出離且疲厭。

於聖山居悅意蘭若處，
已證覺性般若三摩地，
祈令吾等此生即抵達，
大樂淨土二利任運成。

獨自不懈戮力於修持，
願片刻不關注於此生。
追隨祖師圓成諸悉地，
願吾恆時令上師歡喜。

願我們完全了悟所有毫無意義的現象，
都是無常、不定的，乃是誘惑此心的幻化。
請讓我們日以繼夜地
對此眞誠出離且疲厭。

在聖山中的居處歡悅地獨居，
既已證得覺性、般若以及禪定，
請讓我們於此生中便抵達，
二利任運自成的大樂淨土。

獨自秉持堅忍的心志戮力於修持，
願我們片刻都不轉向對此生的關切。
追隨前人的腳步圓滿各種成就，
願我們恆時都令上師歡喜。

三昧耶無衰損之過失，
無誤了悟見修行果義，
光明境中晝夜不動搖，
自他二利願吾等成就。

圓熟生圓顯有之淨相，
空行具誓海聚如雲堤，
二種悉地如雨滂沱降，
願吾等眾成就四事業。

生起淨觀虔敬無偏倚，
並具慈心悲心無間斷，
見修之善覺受了證增，
願為眾生謀福無私心。

三昧耶沒有衰損的過失，
並且無誤地了悟見、修、行、果之意義，
日夜都處於光明之境中而不動搖，
願我們成就自利利他之二利。

圓熟生起與圓滿次第，顯有之淨相，
且讓空行母與三昧耶持守者的海會聚集如雲堤，
兩種悉地如雨般地降臨於我們，
願我們成就四種事業。

無偏倚地生起淨觀與虔敬，
並以無間斷的慈心與悲心，
以及不斷增長的覺受與了悟——見與修之善德，
願我們無私地爲一切眾生謀求福利。

藉此圓滿虔敬與福德，
願一切眾無餘同解脫，
此生之中即得行旅至，
普賢如來任運大樂剎。

藉由我們圓滿的虔敬與福德，
願一切眾生，無有例外地，全部一起解脫，
並於此生便能前往
普賢王如來任運大樂之剎土。

此祈請文，由已對所有神聖上師獲證不動搖信心且博學多聞的無上乘瑜伽士龍欽冉江，於自生蓮花之法座「拉凌札」（Lharing Drag）所造。願此文於十方恆時皆吉祥。

普賢王如來佛父母

加持之雲堤

蔣揚．欽哲．汪波（Jamyang Khyentse Wangpo）

對三根本及護法海會眾之祈請

拿摩 咕嚕 德瓦 達基尼 嘎內貝（NAMO GURU DHEVA DAKINI GANEBHYAH）

普賢、金剛持、廣海五部，
咸認卓越十二導師尊，
遍虛空佛意傳持有者，
祈請賜予加持與悉地。

普賢王如來、金剛持，以及廣海五部①，
舉世聞名的十二位導師②，
遍虛空際的勝者密意傳承持有者，
祈請您們賜予加持與悉地。

① 五方佛部。
② 賢劫（Good Aeon）十二佛。

密主、極喜、妙友、吉祥獅，
智經以及廿一班智達，
表徵傳承心界口訣師，
祈請賜予加持與悉地。

三部薩埵、五賢善弟子，
印度賈王與德瓦瑟傑，
阿努瑜伽十萬上師眾，
祈請賜予加持與悉地。

黎拉瓦佳以及佛密尊，
事業空行與八大持明，
善馭續部、儀軌車輿者，
祈請賜予加持與悉地。

祕密主、極喜金剛、妙吉祥友、吉祥獅子❶，
智經❷以及二十一位班智達，
表徵傳承之心部、界部、口訣部的大師們，
祈請您們賜予加持與悉地。

三部薩埵、五位賢善弟子，
印度賈王❸與德瓦瑟傑❹，
阿努瑜伽部的十萬上師眾，
祈請您們賜予加持與悉地。

黎拉瓦佳❺和佛密❻，
事業自在空行母❼和八大持明❽，
善於駕馭續部與成就法之車輿者，
祈請您們賜予加持與悉地。

❶極喜金剛（Garab Dorje，音譯：噶拉多傑）為大圓滿人間傳承的初祖，他於七十五歲時將大圓滿傳給妙吉祥友（Manjushrimitra，音譯：文殊師利米札），妙吉祥友再傳給吉祥獅子（Shri Singha，音譯：師利星哈）。

❷Jnanasutra，音譯：迦納蘇札，他是吉祥獅子的心子。

❸釋迦牟尼佛入滅後一百年的一位印度國王，他在自己皇宮的屋頂上收到十八部瑪哈瑜伽密續。

❹Dewa Seldzey，阿努瑜伽之傳承祖師。蓮花生大士將阿努瑜伽教法傳給吽噶拉（Hungkara），吽噶拉再傳給德瓦瑟傑。

❺Lilavajra，即黎拉巴（Lilapa），印度八十四大成就者之一。

❻Buddhaguhya，音譯：布達古雅，據說為無垢友（Vimalamitra）之上師，後者於公元八世紀由印度至西藏弘法。

❼Leykyi Wangmo，音譯：蕾吉旺摩，梵文名為 Karma Indranila，為著名法要《修部八教》的傳承上師。她將《修部八教》傳給印度八大持明。

❽八大持明為印度的八位大成就者，各為《修部八教》之一的祖師，分別是文殊身持明：妙吉祥友；蓮花語持明：龍樹；真實意持明：吽嘎拉；甘露功德持明：無垢友；普巴事業持明：扎巴哈德（Prabhahasti）；瑪姆持明：達那桑智達（Dhanasamskrita）；世間供贊持明：絨布咕嘿雅（Rambuguhya-Devachandra）；猛咒詛詈持明：寂藏（Shantigarbha）。蓮花生大士有時也被列為八大持明而成為九位，或取代扎巴哈德。

事行瑜伽明咒精通者，
瞻部莊嚴勝者暨賢徒，
照亮牟尼教法之明燈，
祈請賜予加持與悉地。

三根本海遍主顱鬘力，
殊勝八變與十二示現，
不思議之幻化網壇城，
祈請賜予加持與悉地。

無垢友以及堪千菩薩，
法王、父子、毗盧與措嘉，
轉世王、徒、譯師、班智達，
祈請賜予加持與悉地。

事部、行部、瑜伽部的明咒精通者，
南瞻部洲之莊嚴與殊勝[9]及其傑出弟子眾，
照亮釋迦牟尼教法的明燈，
祈請您們賜予加持與悉地。

三根本海會眾之遍主——顱鬘力，
殊勝八變與十二示現，
不可思議幻化網之壇城，
祈請您們賜予加持與悉地。

無垢友和堪千菩薩[10]，
法王，父與子等，毗盧遮那[11]與措嘉[12]，
轉世之法王與弟子眾，譯師與班智達眾，
祈請您們賜予加持與悉地。

索、宿、努，娘伏藏師海會，
教傳、伏藏、淨相法王眾，
三時續出博學、成就者，
祈請賜予加持與悉地。

索、宿、努⓭，以及娘⓮和伏藏師海會眾，
教傳、伏藏與淨相的法王眾，
於三時中相繼出現的博學者與成就者，
祈請您們賜予加持與悉地。

---

❾六莊嚴分別為龍樹和聖天（精通中觀學）、無著和世親（精通對法學並開創瑜伽行唯識學派）、陳那和法稱（精通因明學）。二殊勝或二聖則為釋迦光與功德光（精通戒律學）。

❿Khenchen Bodhisattva，音譯：堪千菩薩，意指印度大班智達寂護大師（或稱：靜命住持），為印度超戒寺（Vikramashila）及西藏桑耶寺（Samye）住持，也是西藏第一批出家人的授戒師。

⓫Vairotsana，藏王赤松德贊於桑耶寺所培養一〇八位譯師中的著名大譯師。

⓬指蓮師的佛母伊喜．措嘉。

⓭So, Zur and Nub（索、宿、努），指索．耶謝．汪秋、宿．薩迦．窘內，以及努千．桑傑．耶謝，此三位寧瑪派大師為寧瑪口傳傳承的早期傳承持有者。

⓮Nyang Ral Nyima Özer（娘．讓．尼瑪．沃瑟），五大伏藏王中的第一位，是藏王赤松德贊的轉世化身。

殊、聖智身，諸依怙體現，
弟子視為無上之導師，
無比慈悲此根本上師，
祈請賜予加持與悉地。

金薩密意幻網本尊眾，
九大赫魯迦五部三部，
密續六部之本尊聖眾，
祈請賜予加持與悉地。

賢劫眾勝導師釋迦尊，
十方四時導師圓滿佛，
化身無數顯現調伏眾，
祈請賜予加持與悉地。

殊勝、神聖的智慧身，一切依怙處之體現，
弟子眾視爲無上的導師，
無比慈悲的根本上師，
祈請您們賜予加持與悉地。

金剛薩埵——《密意經》與《幻化網》之主尊，[15]
九大吉祥的赫魯迦，五部與三部，
密續六部[16]本尊眾，
祈請您們賜予加持與悉地。

賢劫中眾生的殊勝導師——釋迦牟尼，
十方四時的導師眾——圓滿的諸佛，
以無數化身顯現，調伏一切需調伏者的聖眾，
祈請您們賜予加持與悉地。

內容涵攝滅諦與道諦，
寂靜無欲非和合甘露，
九漸次乘教法總匯海，
祈請賜予加持與悉地。

文殊勢至觀音阿氏多，
普賢菩薩等等大乘眾，
一切聲聞獨覺聖僧眾，
祈請賜予加持與悉地。

內容涵攝滅諦與道諦，
寂靜、無欲與非因緣和合所生之甘露，
九漸次乘之教法匯總大海，
祈請您們賜予加持與悉地。

阿氏多⑰、文殊、大勢至和觀音菩薩，
普賢菩薩等大乘眾，
一切聲聞與獨覺之聖僧眾，
祈請您們賜予加持與悉地。

---

⑮ Dupa 所指為《諸佛密意集合經》（*Do Gongpa Düpa*，阿努瑜伽的根本續），Gyutrul 所指為《大幻化網續》（*Gyütrül Drawa*，瑪哈瑜伽的根本續）。

⑯ 據寧瑪派傳承，密續共分六部。事部、行部、瑜伽部，乃外三密；而瑪哈瑜伽、阿努瑜伽、阿底瑜伽或大圓滿，為內三密。

⑰ Ajita，十六阿羅漢之一。在佛陀的弟子衆中，他以最具福德而聞名。

三處勇父以及空行眾，
金剛護法財神寶藏主，
無量如海皈依處聖眾，
祈請賜予加持與悉地。

祈請汝等殊勝珍寶者，
持明上師聖眾賜加持。
寂忿本尊請賜予悉地，
空行護法祈遣除障礙。

至心懇切憶念汝等眾，
專一虔敬頂禮並供養，
誠信皈依誓願作承侍，
祈請納受並慈悲眷顧。

三處之勇父與空行眾，
金剛護法、財神、寶藏主，
無量的皈依處海會聖眾，
祈請您們賜予加持與悉地。

諸位殊勝的珍寶者，我向您們祈請，
請賜予加持，持明上師眾，
寂靜和忿怒的本尊眾，請賜予悉地，
空行與護法，請遣除一切障礙。

我至心懇切地憶念您們，
專一虔敬禮敬並獻上供養。
誠信皈依並發誓承侍您們，
祈請納受並慈悲眷顧。

既已悉淨二障與習氣，
祈增壽福耀財覺證智。
成熟解脫無數徒眾心，
加持令吾等圓佛事業。

無偏佛教明燈正士眾，
長存百劫轉動正法輪，
加持僧團講修教法光，
得以興盛弘揚於十方。

末法衰敗願為眾止息，
安樂法財願自然增長，
加持令入殊勝精要乘，
進而成就四身之果位。

既然已經完全淨除我的二障與習氣，
祈請增長我的壽命、福德、光耀、財富、覺受、了證與智慧。
令其他無數弟子的心續成熟及解脫，
請賜予加持，使我們圓滿一切諸佛的事業。

願一切佛陀教法、不分派別的神聖明燈，
都能長存數百劫，轉動法輪，
請賜予加持，使僧團及講修教法之光輝興盛且傳播於十方。

願末法時期的衰敗爲了眾生與世界而能止息，
並願安樂和法財自然增長，
請加持令每個人都進入殊勝精要乘之門，
並成就四身果位。

雖多世仍未成就四身，
願我恆時不離菩提心。
加持令吾精通菩薩行，
安置自他於富足安樂。

我雖然過了好幾世都還沒有成就四身果位，
願我恆時不離菩提心。
請賜予加持，使我精通菩薩行之海，
並將自己與他人安置於富足和安樂之中。

簡言直至殊勝菩提間，
願得智悲怙主皈依處，
恆時納受並賜予加持，
創造有寂賢善增長吉祥緣。

簡言之，從今起直至證得殊勝菩提果位之間，
祈請皈依處，智慧與慈悲之怙主眾，
恆時納受我，賜予您們的加持，
並創造令存有和寂靜之良善增長的吉祥緣境。

薩達　薩瓦　蘇師利呀　悉地　巴瓦度（Sada Sarva Sushriya Siddhi Bhavatu：
一切恆時豐足，悉地成就）。

此祈請文著重於前譯派金剛乘之傳統，乃由蓮師之歡喜僕從——欽哲．汪波所供養。

了義大力金剛持

敦珠仁波切（Dudjom Rinpoche）

任運道歌

了義大力威能金剛持，
普賢如來勝義之證悟，
上師直指此為吾本貌。
憶念如極喜第二導師。
大圓滿法門此殊勝道，
勝者八萬四千法心要。
不捨所執妄念自解脫——
此乃口訣勝妙之所在。
於輪涅諸現象不揀擇。

了義大力威能的金剛持，
普賢王如來的究竟證悟，
上師直指其爲我的本然面目。
我憶念如噶拉多傑第二的導師。
大圓滿法門的殊勝之道，
是勝者八萬四千教法的核心。
在不棄捨執著的妄念下令其自然解脫——
這是口訣的偉大之處。
對於輪迴與涅槃的現象無所揀擇。

重返本具精藏自居所，
於內覓得佛果之王者。
成就安樂心旨甚喜悅！
了悟本覺為上師之際，
自然流露本狀作祈請。
斷除傍徨分別心歧途，
且讓吾等達至無修境。
勝者勝子海之力、加持，
成就實語賢哲之所願，
圖登貢噶嘉辰長住世，
事業遍及世間之盡頭。

吉札．耶謝❷造。

重新住於內在體性的自然居處時，
便能在其中發現佛果之王。
達成安樂之心的目的令人何其歡愉！
在了悟本覺即是上師的同時，
我以自然流動的本然向他祈請。
斬斷四處遊走的分別概念心，
讓我們都能抵達無修的境界。
以如海勝者及勝子之大力及加持，
以證得眞實語的一切聖者之熱望，
祈願圖登．貢噶．嘉辰❶長住於世間，
且其〔佛行〕事業遠播達至世界的邊際。

年輕的敦珠仁波切

❶圖登・貢噶・嘉辰（Thupten Kunga Gyaltsen，1896-1970），或稱波魯堪布多傑（Polu Khenpo Dorje），為堪布拿旺・巴桑（Khenpo Ngawang Palzang）的大弟子之一。他被視為近代最有成就的大圓滿上師之一。由於西藏最富裕家族之一的邦塔藏（Bomta Tsang）是他的功德主，所以有時候被稱為邦塔堪布（Bomta Khenpo）。

❷Jigdrel Yeshe，敦珠仁波切本名之簡稱，全名為Dudjom Jigdral Yeshe Dorje，敦珠・吉札・耶謝・多傑。參見書末簡介。

2

大手印

明照智慧

密勒日巴（Milarepa）

禮敬一切神聖的上師。

談到明照智慧大手印的特徵時，有三個部分：基大手印、道大手印、果大手印。

首先是基大手印，其乃事物的體性、諸佛的密意、有情眾生的心髓，它無形、無色，亦無中央或邊緣。不受限制、沒有偏狹，不關乎有，也不關乎無。既非迷惑，亦非解脫。不由因所生，且不由緣所變。不因佛的智慧而改，也不因有情眾生的遮障而損。不因了證而增，也不因迷惑而減。

道大手印應於基大手印中修持，如下：安住時，於無分別中安住。保任時，於無散亂中保任。修持時，於無執念中修持。顯現時，任其以法性顯現。解脫時，以自然解脫作修持。

果大手印超越概念，離於能解脫者，離於希望與恐懼。它已耗盡概念與現象；無執念、無執取，且離於言詮與陳述，因此超越概念。

基、道、果，應一體而修。

此大手印明照智慧之教誡，由瑜伽士密勒日巴所造。

岡波巴

具一即足之道

岡波巴

頂禮尊勝上師眾。

此題名為「岡波巴具一即足大手印之道」的教誡，分為三部分：

1. 抉擇實相
2. 指出實際狀態
3. 以「如是」為道而作修持

第一部分，抉擇實相，有五點：

1. 大手印無因

2. 大手印無緣
3. 大手印無方便
4. 大手印無道
5. 大手印無果

第二部分，指出實際狀態，有五點：

1. 大手印無因，而以信心與虔敬爲因。
2. 大手印無緣，而以殊勝上師爲緣。
3. 大手印無方便，而以無造作爲方便。
4. 大手印無道，而以無散亂心爲道。
5. 大手印無果，而以念頭解脫於法性爲果。

第三部分，以「如是」爲道而作修持，有四點：

1. 於日間三次、夜間三次，以信心、信解、虔敬而修持上師瑜伽，作爲前行。
2. 讓心安住於無造作狀態，並以無散亂持守，作爲正行。
3. 認清所發生的一切皆是自心，如此修習覺性力，作爲結行。
4. 藉著覺受的現起而勤奮禪修，直到概念心消耗殆盡。

有兩種覺受會發生：不適的與舒適的。前者包括昏沉、掉舉、噁心、恐懼、厭倦、懷疑等。由於這些是因修持而來的，所以不論是哪一種，都認清其爲暫時的覺受。不用設法捨棄這些覺受，而是將其作爲見地與禪修的所緣、對境。如此，和諧的覺受將自然發生。

第一個發生的和諧覺受是安住；由此，空性體性的覺受將隨後生起。接下來會獲得了悟的覺受，最後是厭離的覺受。

靠著覺受的起現，無有饜足地勤奮修持。首先，只是心安住仍不夠，還要爲了見到體性而禪修；只是見到體性還不夠，還要爲了獲得了證而禪修；只是獲得了證還不夠，還要爲了遠離耽著而禪修；只是遠離耽著還不夠，還要爲了讓自心解脫至法界、耗盡概念心與一切法——爲成佛而禪修。

岡波巴如是言。如此圓滿最初由大班智達怙主那洛巴所傳之心要，亦即大手印具一即足之道。

噶瑪巴．讓炯．多傑（Karmapa Rangjung Dorje）

了義大手印祈願文

噶瑪巴・讓炯・多傑

南無咕如（敬禮上師）
諸上師和壇城本尊眾，
十方三時勝者與佛子，
請垂念我並賜予加持，
令我所發願望得實現。

我與一切無數之眾生，
淨如雪山意念與行為，
湧現不染三輪善德流，❶
願能匯入勝者四身海。

直至我等尚未得證前，
願能於諸生生世世中，
全然不聞「惡行」或「痛苦」，
受用安樂善德璀璨海。

願得無上暇滿，信、進、慧，
追隨卓越導師受教誡甘露。
離於未能如理成就之障礙，
得以生世修持神聖之教法。

❶認為作者（主體）、受者（客體）、所作（事情）三者都存在的分別概念。感謝資深藏漢譯者敦珠貝瑪南嘉提供同名譯作以供英文中譯時的名相抉擇。

聞學經典理證以離無明障。
思惟教誡意涵以摧猶疑闇。
禪修所得光明以照如實貌。
願此三慧光明能得以增長。

經由離常斷邊二諦基自性，
以及離增損邊二資糧勝道，
願吾等證離有寂邊二利果。
並與此等離謬誤法得結緣。

清淨基為明空雙運心體性。
能淨者為大手印大金剛修。
所淨過往迷亂垢染皆清淨，
願能了悟無垢法身此淨果。

斬斷於基誤解為見地之信。
無散亂而持守為禪修之要。
修練諸般要點為殊勝之行。
願吾等具見、修、行三之把握。

一切現象皆為心之如幻現。
心乃無「心」——無任何實體。
雖空猶無止息，顯現為一切。
願於此得徹悟，斷心之根基。

誤以無實個人經驗為對境，
因無明將自身覺知誤作「我」。
二元執念致使流轉存有界，
願吾等能根除無明與迷亂。

其非存在，即使勝者亦未見。
其非不存，乃為輪迴涅槃基。
此非矛盾，而為雙運之中道。
願能了悟離於諸邊之心性。

誰都無法指著說：「此即是它。」
誰都無法否定說：「此不是它。」
超越概念此自性乃非和合。
願能了悟此真實義之見地。

若不悟此，流轉輪迴海。
若了悟此，佛果非他處。
「此即是」或「此不是」皆無。
願見法性「普基」之要點。

感知是心；性空也是心。
了悟是心；迷亂也是心。
生者是心；滅者也是心。
願斷除於心之諸懷疑。

不因智識刻意禪修所損壞，
不為凡俗分心之風所吹動，
願安住於無造本具自然貌，
善巧修持保任自心之體性。

粗細念頭之浪任運得消退，
不動搖心之河自然能安住。
離於昏沉、蒙昧、概念之染汙，
願於寂止不動之海安穩處。

再三觀此無可觀之心，
如實明晰得見無可見。
斷除心性有無之猶疑，
願能無誤認清己體性。

觀對境時，見境即心、無對境。
觀此心時，無心、不具何實體。
觀此二者，二元執念自然解。
願證此心光明之自性。

遠離作意，即為大手印。
遠離諸邊，即為大中觀。
體現一切，又稱大圓滿。
願得「知此一性而證一切」之把握。

離貪執之大樂不止息。
無執念之光明未遮蔽。
越智識之無念任運現。
願無勤之覺受永不息。

耽著善妙覺受之執任運解。
諸般惡念迷亂自然得清淨。
平常心乃離於迎納與拒斥。
願吾等證離戲法性之真諦。

眾生自性縱使恆為菩提境，
不悟以致無盡流轉於輪迴。
願於無數受苦之有情眾生，
吾等心中能生難忍之悲心。

難忍悲心力用無阻礙，
慈心一起，空之體性赤裸現。
於此無誤雙運之勝道，
願能日以繼夜不斷修。

修持之力所得五眼與六通，
「成熟」有情眾生與「淨治」佛剎，
「圓滿」成就證悟功德之所願——
願證「圓、熟、淨」已達成之佛果。

十方勝者佛子大悲力，
盡諸所有圓滿之善德，
唯願我與一切有情眾，
如是依此願望得成就。

大手印之見、修、行

措竹・讓卓❶（Tsokdrug Rangdrol）

南無　咕嚕　作明者（頂禮作明上師尊！）

竹巴怙主，體現諸可信賴皈依處，
眼前、恆時，我皆向您作祈請。
汝等若欲培養良善佛法之習氣，
我將述說真誠之語以作為法緣。

❶ 措竹・讓卓，全名夏嘎・措竹・讓卓（Shabkar Tsokdruk Rangdrol，又稱：夏嘎巴，1781-1851），咸認為密勒日巴尊者的化身。出生於西藏安多地區，畢生多於山中獨居，專修大圓滿、兼學大手印，為多產作家，據說一天可以著作百頁。

一般而言，吾等唯於今生獲人身。
尤甚稀有，則為領受三種律儀者。
已獲人身，然若未於佛法致力修，
未來難以再次獲得如此之色身，
故於尚具能力時應頂禮且繞行。
死主閻摩我等之敵具極大威力，
永遠無法確定其於何時將來到。
或欲修持佛法，死亡卻驟然降臨，
因此應當棄惡行善而毫不延遲。
僅僅聽聞下三道之苦，
便令吾等之心起顫抖。
實際墮入下三道時，該如何是好？
思此便應避免惡行，視之如毒藥。
陷入輪迴無盡之苦時，

唯有三寶為真實庇護，
故當不斷衷心作祈請。
六道一切之有情眾生，
多生多世為吾等父母。
彼等今於輪迴諸道中甚苦！
不論作何修持，迴向其福祉。
於己頂門觀想圓滿怙主師。
視其乃為十方三時諸剎中，
諸佛唯一體現之真實精藏。
由心深處懇切向師作祈請。
上師化光，師心汝心相融合。
無有改造，確實安住此狀中。
心非為有；非為實質物。
心非為無；可作諸思惟。

時而寧靜，時而作思惟。
汝等應當隨時觀自心。
心者——體性為空，
乃意之法身——阿彌陀佛。
心者——自性為明，
乃意之報身——大悲觀音。
心者——思諸法者，
乃意之化身——貝瑪卡惹❷。
若識得心，其為五方佛。
心若明瞭，直視明瞭之體性——
此即明空大手印。
心若大樂，直視大樂之體性——
此即樂空大圓滿。
心若為空，直視此空性本貌——

此即覺空大中觀。
心若恐懼，直視恐懼者體性——
此即斷法聖教導。
不具任何實質之心者，
此即空性之心，出世慧。
不論行坐，皆應直視己之心；
則諸行坐悉成真實之繞行。
不論飲食，皆應直視己之心；
則諸飲食悉成無垢之薈供。
不論臥睡，皆應直視己之心；
此即認識睡夢光明之教誡。

❷貝瑪卡惹（Padmakara，意譯：源於蓮花），蓮花生大士（Padmasambhava）的別名。

若於修持甚深教授成就本，
而能直視自心此甚深要義；
即可回遮魔眾與障礙。
不論作何短暫轉瞬事，
皆如臨終一刻作修持。
不論有何令心著迷事，
諸般眾人閒談與臆測，
莫受分心散亂所影響；
而應保持正念勿忘失，
修持甚深禪修此要點。
培養如是正念之穩固。
所謂串習禪修之修持，
即為一再了悟此要點。
長時修持上述之要點，

座上座下不分持續修，
有如流水而毫無間斷。
此番話語，乃令上述如是生起的吉祥緣起。

措竹．讓卓應噶瑪．天培❸最新轉世那旺．貢噶．丹增（Ngawang Kunga Tendzin）之請，撰此大手印見修行教誡。

❸康巴．噶瑪．天培（Khampa Karma Tenphel，1569-1637），第一世康祖仁波切，為竹巴噶舉教派的重要上師。

大手印筆記

貝瑪．噶波❶

禮敬噶舉珍寶〔上師〕尊。

於此講解〔岡波巴尊者所撰〕直指平凡心續即是眞實智慧的《大印俱生和合》教誡。〔總〕分爲前行、正行、結行。

前行

前行有兩種，分別爲共通（一般）與不共（特定），前者已於他處說明。不共前行包含皈依、發菩提心，以及上師瑜伽。

《大毗盧遮那成佛神變加持經》（*Abhisambodhi of Vairochana*）①提到：

上身挺直，金剛跏趺坐。
心一境性，乃爲大手印。

如此，雙足採金剛跏趺坐，雙手在肚臍下方結等持印（定印）。脊椎挺直。雙臂內側向外。脖子彎曲如鈎，下巴略抵喉頭。舌頭輕觸上顎。一般而言，注意力是由感覺器官引導，特別是眼睛，因此，雙眼要不眨也不動，直視前方一牛軛遠的距離。這些要點稱爲毗盧遮那七支坐，若以作用來說，則稱爲靜慮五法。

具體而言，雙盤坐姿，以確保下行清除氣進入中脈；手結定印，以確保火平住氣進入中脈；脊椎挺直和雙臂內側向外，以確保遍行氣進入

❶ Künkhyen Pema Karpo，袞千．貝瑪．噶波（1527-1592），第四世嘉旺竹巴（竹巴法王），竹巴噶舉教派的大學者及成就者。詳見「嘉旺竹巴法王中文官網」的相關介紹。

① 指毗盧遮那七支坐法。

中脈；脖子彎曲，以確保上行移動氣進入中脈；舌抵上顎和保持直視，以確保持命氣進入中脈。當這五種氣進入中脈時，其他的氣也會進入中脈，並逐漸顯露無念之智。這稱爲「安住身蘭若」「身不動而住」或「身保持自然」。

至於語，吐出濁氣後便不說話，稱爲「安住語蘭若」「語不動而住」或「語保持自然」。

不回顧過往，不想像未來。不以造作的概念指稱禪修。此外，不將空性視爲空無一物。向內觀看，對於五官所感知的對境，不評斷是非對錯，讓注意力自然而然，本然安住有如嬰兒。即使一剎那也不讓注意力散馳。

完全棄捨能思與所思，
有如孩童而本然安住。
若於上師此言精進修，

必然顯露俱生〔本初智〕。

帝洛巴也說：

莫回顧，勿想像，不評估。莫禪修，勿思惟，當自然安住。

法主月光童子②說：「諸佛之道，乃無散亂」。這稱為「安住意蘭若」「心不動而住」或「心保持自然」。

龍樹菩薩說：

旺秋啊，根據教導，身正念，
乃諸善逝所行經的唯一之道。

② 達窩雄努（Dawoe Shonnu），岡波巴大師的另一個稱呼。

應專注且眞實觀察，

乃因若失正念，將毀壞所有的佛法修持。

如《阿毗達磨》所言，此正念指的是不散亂：「正念者，於慣習事令心不忘失。」

正行

第二個主題爲正行，有兩個部分：共通的修持與不共的修持。

共通的修持

共通的修持有兩個部分：禪修的根本——於體驗奢摩他（寂止）後，修持專一瑜伽；以及於檢視（念頭）住、動根本後，藉由毗婆舍那（勝觀）修持離戲瑜伽。

禪修的根本：

於體驗奢摩他（寂止）後，修持專一瑜伽

這有兩個部分：有相止（有所緣的奢摩他）及無相止（無所緣的奢摩他）。有所緣的奢摩他，分爲結合風息而修及不結合風息而修兩種。對於不結合風息而修的有相止，分爲以小石子或小樹枝爲所緣的不淨方式，和以如來身、語、意爲所緣的清淨方式。

－1－ ③

首先，運用小石子或小樹枝等不淨所緣，在面前放一顆小石頭，然後專注一趣，只看著它，注意力既不向外投射、也不向內專注。觀想你的上師坐在頂門之上，並想著他本人就是佛陀。以「瑪南卡瑪」④祈

③這些數字出現於藏文手稿中，代表禪修的順序。

④藏音 Manam Khama，所指的極可能是一篇提醒行者要為「量等虛空之一切慈母有情」而修持的祈請文。

請：「祈請加持，令我證得無上大手印〔悉地〕成就。」領受這些悉地，並將上師融入於你。觀想上師心與己心交融，盡力保持平等安住。

向上師稟報心的種種暫時狀態，並加以觀察。如果變得昏沉，可以將視線抬高，並在較寬闊的環境中修持。昏昏欲睡的時候，便要憶念前面的重點，嘗試專注。如果變得掉舉（浮躁），則應待在寧靜的地方，將視線降低，並著重於放鬆。

－2－

接著，「運用如來身、語、意等清淨所緣」是指：以佛像爲身的所緣，以種子字爲語的所緣，以明點爲意的所緣。

首先，在面前以佛像作爲身的所緣，將注意力持續放在具有三十二大人相、八十種隨形好、散發著光芒、三法衣爲莊嚴的佛陀圖像、繪畫或純金般的黃金塑像。

－3－

其次，以種子字爲語的所緣，觀想面前有個指甲大小的月輪，月輪上有個彷彿由一根毫毛所繪的「吽」字。

－4－

第三，以明點爲意的所緣，如同先前，將你的專注力放在豌豆大小的蛋形明點上，此明點具有散發光芒的特徵。

－5－

接著，結合風息的奢摩他，或以金剛誦爲所緣，或以寶瓶氣爲所緣。

首先，以金剛誦爲所緣，讓身心安住於自然的狀態。接著，將注意力集中在吸氣和吐氣，只是隨著吸氣和吐氣而數著一、二、三，直到二一六〇〇，並不運用任何其他方法。如此，你將熟悉呼吸的出入次數。

－6－

之後，每當吸氣和吐氣時，都以這樣的想法觀察吸氣和吐氣：「它是從整個身體運行，還是從單一部位運行？」如此，你將熟悉呼吸的特性。

－7－

接著，結合呼吸和注意力，從鼻尖到肚臍，觀察出息（呼氣）、入息（吸氣）和屏息（持氣）的特性。如此，你將感知到個別氣息的確切顏色和持續時間。

－8－

接著，清晰分明地個別檢視五大。如此，你將了解氣息出入的增長和消退。

－9－

接著，將呼出的氣息轉化爲白色的種子字「嗡」，將吸入的氣息轉化爲藍色的種子字「吽」，將留駐的屛息轉化爲紅色的種子字「阿」。如此，你將體悟氣息出入的停止。

－10－

其次，以寶瓶氣爲所緣，吐出濁氣三次，從鼻子緩緩吸入上氣。拉提下氣，盡力持氣，愈久愈好。如此，由於極難調伏的所謂的「心」，它與氣是不相分離的，因此當氣的運行停止時，隨著對境擺盪的注意力——亦即分別念，同樣會停止。

接著，有三種無所緣的奢摩他，也就是以下三種要點：直接斬斷驟然的生起、無造作而任由一切發生，以及順其自然的方法。

－11－

首先是直接斬斷驟然的生起。在修學上述方法後，當念頭生起，也就是注意力移向對境時，不要讓它繼續，而是聚精會神地專注，同時想：「我絕不生起任何念頭！」如此訓練自己直接斬斷對驟然生起之念頭的追逐。

－12－

如此訓練，你似乎會有愈來愈多的念頭，最後，念頭一個接著一個出現，似乎永無止盡。這稱爲「就像認出（自己）熟悉的敵人那樣地認出妄念」，也稱爲止修的第一個階段，有如山崖落下的瀑布。換言之，由於注意力在短暫的片刻保持止靜，所以感知到念頭的生起和止息。你只是似乎有了更多的念頭，但實際上念頭並沒有更多或更少，這是因爲念頭本來就會無盡生起，自性便是剎那生滅。

– 13 –

其次，無造作而任由一切發生，隨念頭想來想去都行。不要受它支配，也不要試圖阻擋。練習讓你的注意力保持警覺。如此訓練，你將不再追逐念頭，而能專一保持止靜。

– 14 –

在這之後，另一個念頭會來回擾動，此時你應該重複上述的過程。當安住持續得愈來愈久，稱爲止修的第二個階段：有如緩緩流動的河水。

經由這個鬆坦安住的要點，就能把心的精華從糟粕中分離出來，如同法主〔岡波巴〕所說：

心不造作則（安）樂，
水不擾動則清（澈）。

偉大的瑜伽之主（林惹巴）❷說：

無修治了然中順其自然，將顯露了悟。
於此保任有如流水相續，則得臻圓滿。
萬緣諸相應當盡皆捨棄！
瑜伽士當恆時平等攝持！

關於這兩種方法，薩惹哈尊者❸說：

若加以繫縛，奔馳向十方。
如棄置一旁，不動安穩住。

顛倒似駱駝，於此吾已悟。

第三，「順其自然」方法的要點，有四項。

－15－

首先，有如婆羅門編繩而讓它順其自然。正如編繩的婆羅門必須在鬆緊之間保持平衡，禪修若是太過專注，將會落入思考；若是太過鬆弛，則會變得昏沉。因此，要在鬆緊之間保持平衡。換言之，初學者一開始應該透過直接斬斷驟然的生起而訓練專注，如果覺得疲憊，即應藉由無造作任憑一切發生而放鬆。兩者要交替運用，過了一段時間，將會

❷林惹巴（Lingje Repa Pema Dorje，林傑惹巴．貝瑪多傑，1128-1188），帕摩竹巴的弟子，第一世嘉旺竹巴法王藏巴嘉日．耶謝多傑的上師，被譽為「西藏的薩惹哈」。

❸薩惹哈（梵文：Saraha），約莫西元八世紀末至九世紀初，印度八十四大成就者之一，被認為是無上瑜伽的實際創始者，曾從學於寂護大師的弟子獅子賢。

出現緊鬆之間的自然平衡。這就是爲何教導說要如同婆羅門編繩一般，緊緊地集中注意力，然後鬆鬆地放掉。

－16－

第二，有如將綁住稻草的繩子切斷而讓它順其自然。前面所有的對治方法，畢竟都會帶著想法：「念頭生起了，我絕不能分心！」除非念頭停止，否則此類對治方法便無效。這稱爲「落後（遲到）的正念」，屬於禪修的一種不淨形式。所以，要捨棄這種正念，在持續的止靜中自然單純地放下，稱爲「如切斷稻草綑繩般，心離於勤作而安住」。

－17－

第三，有如在大殿中張望的孩子而讓它順其自然。將大象一般的心緊緊地拴在正念正知的柱子上，氣息自己就會被逮住。由於如此，不論經驗到的是哪一種暫時的顯現，例如煙霧等空無影像、因大樂而差點昏厥、不加分別、有如坐在半空中而感覺自己沒有身或心等，都不要變得洋洋得意且刻意執著、將之視爲過患並試圖壓抑該種覺受，或者做出任何其他反應，這稱爲「有如在大殿裡張望的孩童，對種種顯現（顯現分）不加遮止，也不予執著地安住」。

－18－

第四，有如被刺戳到的大象而讓它順其自然，這是指在奢摩他中生起的某個念頭與認出該念頭的正念會同時發生。當所要捨棄的對境與其對治法融合時，該念頭便無法再引發下一個念頭。對治法是自行發生的，無須勤作修習，這稱爲繫上的正念，意指有如大象被刺戳一般，不試圖阻撓或醞釀念頭和感受地安住。根據教導，這也是止修的第三階段，有如無浪的大海。因此，於安住時認出念頭，並於動念時回到原來安住之境，稱爲「安住和動念的分界崩塌」，因此也稱爲「認出專注一趣」。

此時，認出住與動者則稱爲如理作意、妙觀察智與覺性。對此，

《莊嚴經論》（*Ornament of the Sutras*）中說：

次於彼身心，
獲得妙輕安，
名爲有作意。

檢視住與動的本質，藉由認出毗婆舍那而修持離戲瑜伽

這有三個部分：檢視住動之本質，認出毗婆舍那，以及修持離戲瑜伽。

檢視住動之根本

– 19 –

藉由無分別的奢摩他當中所生起的妙觀察智而加以檢視：安住時，

安住的根本是什麼？它如何保持安住？由此如何動念？生起念頭時，念頭是失去安住後生起的嗎？或是在仍然安住時動念的？動念是有別於安住的另一件事嗎？它的本質爲何？最後如何停止？

– 20 –

由於無法建立起有別於安住的動念，也無法建立起有別於動念的安住，因此無法找到住或動的體性。

所以接下來，要檢視能觀察的覺性本身，是否有別於所觀察的住動，或覺性本身就是住動？如此一來，以覺性之眼觀察，將無法找到任何東西，因此了悟能觀者和所觀者是不可分別的。由於根本無法建立任何體性，因此它稱爲「超越分別心之見地」或「離於主張之見」。

因此，勝者之王宣說：

分別念所造之見，縱然卓越仍衰敗。

超越分別念之時，即使「見」字亦消失。
能觀所觀乃無別。吾依師恩得把握。

寂天菩薩談到這類分析時，說到：

致力修持三摩地，一剎那亦不散亂，
彼時如此檢視心：「能分析之心爲何？」

在《迦葉請問經》（*Sutra Requested by Kashyapa*）中以柴和火爲比喻❹：

摩擦二枝能生火，火起復而燒二枝。
同理般若慧根起，所生起者燒二元。

由於這種分析需要藉由能向內觀看自身的覺性來檢視，故稱爲古薩里❺實修者的觀察修，有別於朝外觀察而了知的班智達或學者式觀察修。

辨認毗婆舍那

– 21 –

第二，認出毗婆舍那，不論生起什麼樣的念頭或煩惱，都不予以捨

❹相關段落出自《佛說大迦葉問大寶積正法經》卷第二：「佛告迦葉：譬如二木相鑽風吹出火，火既生已燒彼二木。迦葉！如實正觀亦復如是，於正見道生彼慧根，慧根既生燒彼正觀。我今於此而說頌曰：譬如鑽二木，風吹生彼火，火生剎那間，而復燒二木。正觀亦如是，能生於慧根，生彼一剎那，還復燒正觀。」施護譯本。

❺古薩里（Kusali），意同「古蘇魯」（Kusulu），在本書中配合原文而交替使用。

棄，也不被它控制。反之，無造作地任由一切經驗生起。若能在生起的那一刻就認出，它本身就在不被捨棄的狀態下得到清淨，而現爲空性。以此方法，便能將一切逆境作爲道用，因而稱爲「取逆境爲道用」。

念頭一旦被認出即可解脫，因此了悟所斷和其對治二者並無分別，此即是金剛乘修持的核心，稱爲「回遮禪修」。

此時，對於尚未了悟自心本性的一切有情眾生，將會生起較以往更爲強烈的悲心。爲了利益一切有情眾生，更進一步以身、語、意修持諸如生起次第的方便法（梵文：upaya），並且以該〔認出毗婆舍那〕的智慧（梵文：prajna）方法而徹底清淨對實有的耽著。就如服用由〔智慧〕咒語加持的毒藥，自己將不會受制於煩惱的力量。

此等法門修持之意趣，則如同此言：「道上諸生起，不迎亦不拒！」

修持離戲瑜伽

－22－

這分爲三部分：以三時作檢視，以是否實有作檢視，以是否單一作檢視。

首先是以三時作檢視：過去心已然止息，未來心尚未生起，當下心則無法以任何方式指出。藉由如此分析，細察一切現象的道理都同樣如此。要如此思惟並了解：「萬法皆非眞實有，唯由自心假立稱，生住滅等皆不成。」如薩惹哈尊者所說：

有爲諸法生如虛空寂，
諸般實事捨後何以生？
今依上師怙主所教示，
本初無生自性得了悟。

應該如此分析。

－23－

其次，以是否實有作檢視，指的是要如下分析：我的心是實有存在的嗎？或是不存在、非實有？如果它是實有的，那麼它是能知而實有，還是所知而實有？如果它是能知，它的形狀和顏色爲何？若是能知的話，是否也只是看似存在？如果它是非實有的，那麼無數種的顯相是由什麼創造的？

在如此的分析中，如果心是體性成立而存在，就能相當確切地把心確立爲實有之物。但若以智慧觀察，則絲毫沒有能成立的事物，因而找不到任何能確立爲實有的事物。然而，我們是透過自證自明之智來體驗心，故而也不應把它歸類爲不存在和非實有。

因此，心超越實有和非實有，所以被稱爲不落入常邊與斷邊二種邊際的中道。

如同此偈言：

銘記師言於己心，

如於掌中見珍寶。

－24－

第三，以一或多作檢視。這是要檢視：心是單一或是多者？如果心是單一，它怎麼能被分辨出無數的經驗呢？如果心是多者，所有這些經驗的自性怎麼會都是空性而平等的？經由如此分析而發現心超越這兩種區分，且不落入一（單一）與異（多者）此二邊，即稱爲「無所住大手印」。

於此了悟的修行者，在他們的根本定中，除了個別自證自明之智以外，不存在其他的顯相。因此，稱爲「無顯」。在後得位中，能以此修道淨化將一切法執爲實有的耽著，因此稱爲「如幻顯相」。

如人所說：

前方、後方與十方，
一切所見僅唯此。
上師今斷吾迷妄，
毋須復於人詢問。

不共的修持

有兩種不共修持：萬法乃顯心無別之平等一味瑜伽，以及確立萬法皆爲本自俱生法身的無修瑜伽。

萬法乃顯心無別之平等一味瑜伽

這有三個部分：

- 經由睡和夢的比喻，指出顯相爲心。
- 經由水和冰的比喻，指出顯相與空性無二。
- 經由水和浪的比喻，確立一切現象爲一味。

－25－

首先，由睡眠和夢境的比喻而指出顯相爲心：正如睡眠時所經驗的一切無不是你的心，目前的所有顯相也同樣是無知昏睡中的顚倒夢境，因此它們僅僅爲你自己的心。故而要寬坦安住，單純地體驗任何顯現的對境，讓外在的顯相對境與你自己的心無有二致地融爲一味。瑜伽之主如此描述這個境界：

昨夜夢境之體驗，
即爲指出「顯相乃心」之老師。
汝於此事明白否？

此外：

三界無餘彼等盡一切，
皆成廣大貪欲同一色。

第二，經由水和冰的比喻而指出顯相與空性合一：所有顯現的萬法，於顯現時本身不成立任何的自性，因此爲「空」；什麼都不成立，卻又什麼都能顯現，因此爲「顯空雙運」或「一味」，即如同冰和水的比喻。

相同地，了解到樂空雙運、明空雙運、覺空雙運，稱爲「了悟各各爲一味」。如人所說，

若具了悟，萬法唯然。
除此之外，尋他不得。
此即是聞，亦爲思、修。

– 27 –

第三，要經由水和浪的比喻而確立一切現象爲一味。正如波浪只是漲起的水，要了解一切現象皆由自心空性創造而以各種形式生起。薩惹哈尊者曾說：

一切由心所現者，
皆具本尊之自性。

法性唯一而周遍法界，稱爲「一味多顯」。於此了悟的瑜伽士，能現起空性周遍一切之後得智。

確立萬法皆為本自俱生法身之無修瑜伽

－28－

修學無修瑜伽，由於要捨棄的任何煩惱皆已窮盡，它們的對治法也都窮盡，修道也不復存在。既然已無他處要前往，旅程便已停止。因此證得無可超越之無住涅槃的大手印最勝成就。如同《和合》根本頌（Root Scripture on *Mingling*）中描述：

嗟呼！
此乃自明自證本智！
超越言語非心行境。
帝洛巴吾無所可示。
若欲了知則當親見！

此外：

莫回顧，勿想像，不評估。
莫禪修，勿思惟，安住於本然。

就是如此。

結行

結行有三個部分：

1. 認出大手印，並指出本然面貌。
2. 檢視障礙與歧途。
3. 辨別知曉、體會與了證。

– 29 –

首先，認出大手印並指出本然面貌，是指現證佛果之四瑜伽：

• 擇定於基。
• 修學於道。

• 辨別微細的覺受。
• 認出道與地的進展徵兆。
• 認出道與地的進展徵兆（「暖相」）。

－30－

第二，檢視障礙與三歧路、四迷途。

其中，三種歧路爲：

• 顯相現爲敵人——應由認識顯相爲心而予以遣除。
• 妄念現爲敵人——應由認識念頭爲法身而予以遣除。
• 空性現爲敵人——應由認識顯相與空性無二而予以遣除。

這三種歧路都是因耽著奢摩他（寂止）覺受所發生的，進展至毗婆舍那（勝觀）時則可消除之。

四迷途是指：

- 迷失於空性之自性——藉由生起空悲〔雙運〕而消除之。
- 迷失於封印——藉由如是了悟實相而消除之。
- 迷失於對治法——藉由所斷與對治無別而消除之。
- 迷失於道——藉由了悟「顯現」與「解脫」乃同時發生而消除之。

－31－

第三爲知曉、體會、了證三者：

- 由聞思而了悟自心實相，稱爲知曉。

- 由心中意象（共相）而專注了悟自心實相，稱爲體會。
- 在現證離戲後了悟自心實相，稱爲了證。

這三種情況的「了悟」都是指同一件事，因此從頭到尾使用此詞並無矛盾。

拉霍爾（Lahaul）和桑斯噶（Zangskar）之王賢遍・桑波（Shenpen Zangpo）向我獻上一束藏紅花等禮物，並表示需要請我寫下大手印和六法的筆記。我思惟諸多片段的筆記或不可靠，且對此口耳傳承有輕蔑之嫌，因此名爲貝瑪・噶波之吾人在旅居南方卡日曲（Kharchu）的蔣秋・寧波（Jangchub Nyingpo）時，爲利益未來世代而撰寫此文。願賢善增長！

大手印住、動、覺之教誡

米龐仁波切

單純實修大手印的住、動、覺，且最終現見法性眞諦的樞紐，就在於自心本性具有如來藏，並且運用以此爲竅訣的關鍵教誡。

萬法之基爲心。了知心的祕密之後，便要尋求心的根本要點，如此將對萬法變得善巧，並了悟無我的意義。

由於吾人乃根據了悟者的口語教誡給予教導，所以將省略各種邏輯研究。「住」指的是在觀照自心時，心向內而不做任何思考。「動」指的是當各種念頭生起時。「覺」指的是自心對此二者有所了知。

若能繼續保持，將會了解以下的根本要點：快樂和悲傷等各種感覺，都是從自心生起，又消融於自心之中。對此有所領會，便可認識到所有的覺受都是自心的個人經驗。

其後，經由直視心的體性，不論其爲止靜（住）或動念（動），你將了解它是空的。儘管它感知到許多事物，卻不具備任何實有的體性。這所謂的空性並非如天空般一片空無，你將了知它是具諸多種相，最爲勝妙的空性。意思是它雖然不具任何自性，卻有著遍知遍覺的無礙明分。

了悟到這個心的祕密時，儘管能觀及所觀並不分離，對於心性自然、光明、本有的體驗，便稱爲認出覺性。這在大手印和大圓滿中都有指出。

根據薩惹哈尊者所說，若能保任，且：「再再直視虛空的本淨自性，見（seeing）將會止息。」如同《般若波羅蜜多》中所述：「心者無心①；心性光明。」

①「心者無心」指的是心的自性並無二元思惟。

再沒有比這個更簡單的教導，然而必須付諸實修。

米龐編撰。願吉祥。

3

大圓滿

秋吉·林巴（Chokgyur Lingpa）

立斷之基的教誡指引①

金剛瑜伽女傳法
秋吉・林巴取藏

南無咕如德瓦札基尼（頂禮上師、本尊、空行母）

具三昧耶之上師
應予具器之弟子
此依大圓滿祕修
立斷之基——本然狀態——之禪修教誡。

①本文的完整標題為：根據《大圓滿母續・空行祕修》之〈基・立斷的教授手冊：於道上所承載、運用、引生者〉（The Instruction Manual for the Ground of Trekcho: What to Carry, Utilize and Bring Forth on the Path according to "*The Secret Dakini Practice: The Mother Tantra of Dzogchen*"）。

弟子應為空行眾陳設薈供食子，
並向諸伏藏主獻紅食子，
依次第而修教誡前行法。
上師方予如下之教授：

身採毗盧遮那七支坐。
心之無生自性，
乃覺性空明本淨任成之體性——
勿追尋已過往者，
勿迎接未發生者，
勿造作當下了知。
住於身心四安住之境。

四安住乃為：

身安住如寒林之死屍，無偏倚且無固著。
語安住如殘破之水車，處於止靜中。
眼安住如經堂之佛像，眼不眨而持續注視。
意安住如無浪之大海，寧靜處於覺性空明自性之無造、任成狀態中。
讓心安住而毫無念頭。

外在土、石、山、岩、草、樹、林，非真實存在。
內在身體非真實存在。
此空明心性亦非真實存在。

雖非實有卻了知萬法。
故於空明覺性中安住，稱為「基立斷」。

於此止靜，生起念頭否？

念頭生起，止靜仍在否？
止靜之中仍會有念頭，
斬斷念頭方法有四種：

有如伺機逮鼠之貓兒，
向內直視念頭之體性。

有如穿針引線婆羅門，
保持覺性平衡，直視念頭之體性。

有如瞭望塔上看守人，
覺性無散亂中而直視念頭。

有如脫弓射出之箭矢，

覺性專一之中而直視念頭變動。

靜者寧靜安住空明心性中。
於此狀中念頭驟然閃動。
藉由赤裸觀視念頭，而令念頭於自性中盡然消失。
乃稱住動融合於自性之中。

至於融合住與動：

願此教法得遇具格宿緣者。

伏藏印。密藏印。祕密印。甚深印。三昧耶。封印。封印。封印。喀當（KHATHAM）。

此乃慈心貢噶·本（Kunga Bum）於札地水晶窟（Crystal Cave of Drag）所取黃羊皮紙伏藏之第二份手抄本。②

---

②水晶窟位於距離中藏桑耶一日路程之處。此教法由金剛瑜伽女於夢中口傳給伊喜·措嘉。之後，由貢噶·本取出此伏藏，她將之交予大瑜伽士敦措·瑞巴（Dungtso Repa）伏藏師。隨後的數百年間，此傳承幾乎失傳，直到秋吉·林巴憶念起前世曾為敦措·瑞巴後，而再次發揚光大。《大圓滿母續·空行祕修》的教授包含五十多篇簡要的教誡，現收錄於《秋林新巖藏》（*Chokling Tersar*）的伏藏總集中。

敦珠・林巴

無修成佛

敦珠·林巴

摘錄自《能現前自性大圓滿本來面目之教授·無修成佛》

遍在主與本初依怙尊，尊乃本智無上幻城現，吾以不動搖信作禮敬。

當今五濁①熾盛之時，有情眾生性情粗野且惡業強大，以致各各執著無異於夢中插曲的此生，規畫著預期要無限生活的長遠計畫，且毫不關心與來世相關的具義追尋。因此，致力求取解脫與遍智果位的人，比寥寥晨星還要稀有。

儘管有些人心中謹記死亡且熱切修持佛法，卻僅僅將生命消耗在身、語方面的修持，並求取天道和人道等善趣的投生。

有些人對空性見地沒有絲毫的了解，卻仍確信自己的心為空，在僅僅指認分別念頭或呆滯心識的自性後，便消極地待在那個狀態中。如此一來，只會讓自己被引生爲欲界和色界的天人，與遍智之道的距離，連一毛端的寬度也沒有減少。

因此，若有少數累積廣大〔福德與智慧〕資糧、在無量劫中依其善願而與勝義法教建立業緣者，我將依他們的根器與福分給予教導。與我不具業緣且於大圓滿法教不具福報者，對此教導不是妄加推測，就是拒斥否定，因而將自己的心放逐荒野。至於有別於此且福報與我同等者，應當留意此教誡，並藉由探究、分析、串習而認識輪迴與涅槃爲大空

①五濁為壽命減少（命濁）、事物品質衰損（劫濁）、煩惱情緒熾盛（煩惱濁）、見解低劣及邪見（見濁）、健康及福祉衰損（眾生濁）。【譯註】丁福保《佛學大辭典》：一、劫濁，謂至二萬歲已後見等之四濁起時也。二、見濁，身見邊見等之見惑也，劫濁時之眾生盛起之。三、煩惱濁，貪瞋痴等一切修惑之煩惱，劫濁時之眾生盛起之。四、眾生濁，劫濁時之眾生為見濁煩惱濁之結果，人間之果報漸衰，心鈍體弱，苦多福少也。五、命濁，此亦為前二濁之結果，壽命漸縮少，乃至十歲也，此中以劫濁為總，以他四濁為別。

性，且了悟其自性。

於自性大圓滿〔法教〕的心、界、口訣三部中，此屬於祕密口訣之類。其中，又分爲見、修、行三個部分。首先是擇定見地，透過無實（不存在，藏文མེད་པ，meypa）、獨一（一者，藏文གཅིག་པུ，chigpu）、普遍（普遍周含，藏文ཕྱལ་བ，chalwa）、任運（自然達成，藏文ལྷུན་གྲུབ，lhundrup）這四者來決定，且如實了悟見地。此乃最勝之要點。

觀世音菩薩的教導

其中，首先要決定「無實」之理——這是與人我（補特伽羅有我）和法我（現象有我）有關的決定。所謂的「人我」，是在晝日與睡夢、中有和來生期間，所僅僅顯現的那個「自己」之存在。一旦有此顯現，便有個潛藏的心識會將之視爲「我」，而此稱爲「後一心識」或「分別念頭」。此心識會將〔我這個顯現〕變得明晰，接著使其牢固，再予以增強。

對於所謂的「我」，首先探究其生起之源，便可擇定並沒有如此的源頭。

又於生滅之間尋找其住處，這是指：「我」是否具有能被個別指認的住處與住者。應以下述方式觀察探究：

頭部被稱爲頭部，而非「我」。同樣地，頭皮被稱爲皮膚，而非「我」。骨頭被稱爲骨頭，而非「我」。同樣地，眼睛被稱爲眼睛，不是「我」。耳朵被稱爲耳朵，不是「我」。鼻子被稱爲鼻子，不是「我」。舌頭被稱爲舌頭，不是「我」。牙齒被稱爲牙齒，不是「我」。腦部被稱爲腦部，同樣不是「我」。此外，肉、血、淋巴、脈管、肌腱，都有各自的名稱，並非「我」。

再者，手臂爲手臂，不是「我」。同樣地，肩膀爲肩膀，不是「我」；上臂、前臂、手指，也不是。脊椎爲脊椎，不是「我」；肋骨不是「我」；胸腔、肺臟、心臟、橫膈膜、肝臟、脾臟，不是「我」；

小腸、腎臟，不是「我」；尿液、糞便，也不是「我」。更甚者，「我」一詞亦非用於稱呼雙腳；大腿稱爲大腿，不是「我」；臀部不是「我」；小腿、足底或腳趾，也不是「我」。

簡言之，外在的皮膚不稱爲「我」；中間的肌肉與脂肪稱爲肌肉與脂肪，不是「我」；內部的骨頭稱爲骨頭，不是「我」；最內部的骨髓稱爲骨髓，不是「我」。心識稱爲心識，同樣不稱爲「我」。因此，便可確認，〔生滅之間〕不存在〔我〕❶所住之處，也不存在住者，而是爲空性。

最後，也應斷然了解：此乃超越一切去處，也超越所有前往該處的作用者；事物實際上並不存在，但看似存在，猶如妄相；說出〔此類事物的〕名稱，則有如談論兔子頭上的角。

其次，要決定「法無我」，便要⑴尋找命名指稱之基，⑵消融事物常在之執，⑶揭露損益利害之過失，⑷崩解得失希懼之謬穴。

首先，若尋找種種名稱的所指事物，便知道名稱與所指事物皆不存在，不過只是假立在分別念頭的本色之上；這是因爲，一切法都不可能以其命名基礎上獨立存在。例如，所謂頭部，是以何爲命名之基，又因何而如此命名呢？是因爲它是胎兒最先發展的部分？或因爲它是圓形的？還是因爲它出現在上方？事實上，頭部並非胎兒最先出現的部分；並非所有圓形的東西都稱爲頭部；至於上方和下方，若進行檢視，就知道虛空中也不存在這些。同樣地，頭髮不是頭部。皮膚只是皮膚，不是頭部。骨頭稱爲骨頭，不是頭部。腦部不是頭部，眼睛、耳朵、鼻子、舌頭，也不是頭部。

若以爲這些個別都不是頭部，但總合起來就稱爲頭部，那麼，就試著思量：將某個生物的頭部砍下，磨成微塵細粉，拿給世上任何人看，沒有誰會稱它爲頭部。即使將這些微塵細粉加水重組，也不能稱它爲頭

❶此段的標點符號，〔〕為中譯者所加以利閱讀；（）為英譯者所加以利閱讀；（）為英譯者之其他解讀、用詞或中文意譯。

部。因此可知，所謂的頭部，不過是一種說法，而沒有所指稱的對象。

同樣地，眼睛，並非所有的雙圈都是這個稱呼。鞏膜不是眼睛，眼淚、靜脈、血液，也不是。它們的個體不是眼睛，它們的分子總合不是眼睛，加水重組的堆聚，也不是眼睛。能夠看見色相的是心識，並非眼球，這可由夢境和中有期間仍有視覺感知，而得到證明。

同樣地，耳朵，耳道、皮膚不是耳朵，肌肉、脈管、韌帶、血液、淋巴都有自己的稱呼，因此也不是耳朵。將這些全部磨成粒子所得的細粉，不是耳朵；將它們加水重組所成的堆聚，也不是。如果認爲一切能聽聞聲音的，皆可稱爲耳朵，那麼就檢查在夢境、清醒和中有期間，是什麼在聽聞聲音。在那期間能聽聞聲音的，唯有自心的本初心識，而非耳朵。

同樣地，鼻子，鼻孔、皮膚、軟骨、肌肉、脈管、韌帶都有自己的稱呼，所以不稱爲鼻子。此外，能夠嗅聞氣味的是心識，因此應當探究於夢境和中有期間，是什麼在嗅聞氣味。

同樣地，舌頭，它的肌肉、皮膚、血液、靜脈、神經都有自己的稱呼，因此不稱爲舌頭。若將這些磨成細粉，也不稱爲舌頭；若將這些重組堆聚，依然不稱爲舌頭。對於以下的例子，這些道理皆可適用。

同樣地，手臂，肩膀不是手臂，上臂、前臂、手指、指節、肌肉、皮膚、骨頭或骨髓，也不是。同樣地，肩膀，皮膚並非肩膀，肌肉、骨頭、粒子總合、加水堆聚，也不是。由於並沒有所指稱的對象，因而稱爲肩膀的命名之基是空的。同樣地，若檢視上臂和前臂，顯然其組成都有各自的稱呼——肌肉稱爲肌肉、骨頭稱爲骨頭、皮膚稱爲皮膚、骨髓稱爲骨髓。即使這些部位之中的一粒微塵，也都無法成立爲它們的命名之基。

若檢視身體和蘊聚的命名之基，顯然身體指的並非脊椎或肋骨，也非胸腔、肌肉、皮膚或骨頭。心臟、肺臟、肝臟、橫膈膜、脾臟、腎臟和小腸，都有各自的稱呼，故而身體和蘊聚的命名之基爲空，因爲並不存在所指稱的對象——皆爲空性。

同樣地，如果檢視雙腳，顯然臀部並非雙腳，大腿、小腿、腳踝也不是。同理，臀部這個稱呼，指的不是肌肉、皮膚、骨頭、脈管或韌帶。大腿這個稱呼也並非皮膚、肌肉、骨頭、脈管或韌帶之任何一項。相同的道理也適用於小腿。如果將它們都磨成細粉，或將細粉加水堆聚，這些稱呼便都不適用了。

若尋求外在山岳的命名之基，顯然大地並非山岳，灌木、樹叢、石頭、岩塊或水流，也不是。

若尋求房舍的命名之基，顯然砂漿、石頭、木料，皆非房舍。此外，就如牆壁稱為牆壁而非房舍；同理，外在或內在沒有任何一物可成立為房舍。

縱使尋求人、馬、犬等的命名之基，顯然他們的眼、耳、鼻、舌、肉、血、骨、髓、脈、韌帶和心識，都有各自的稱呼，但並不存在任何人、馬、犬命名之基所指稱的對象。

再者，以實體物品來說，鼓這個稱呼所指的並非木頭、皮革、外在或內在。此外，刀這個用詞所指的並非金屬、刀身、刀背、刀尖或刀柄，這些沒有一個可以成立爲刀這個所指稱的物品。稱呼與其所指的事物是會改變的。舉例來說，將刀製作成尖鑽，名稱就不同了；再將它製成針，所有先前的名稱便消失了。

藉由我於夢中從上師無上聖者大悲尊（觀世音菩薩）所領受的這份教導，讓我徹底領悟了所謂「人我」（爲無）與尋求命名之基的內涵。

鄔金海生金剛的教導

一次，我遇見鄔金海生金剛②的本智幻化身，他賜予我感知顯相如幻的教誡如下：「爲了於因緣和合的緣起之理獲得引介，應當思量：具有顯現任何顯相之潛藏力的澄明、昭然基法界，作爲因；執取

②蓮花生大士。

於『我』的心識，作爲緣。一切顯相依於兩者的和合而如幻相般顯現。因此，基法界、由其幻化力所生起之心，以及所有作爲心之顯相的外在與內在現象，由於它們如同太陽與陽光爲環環相扣的事件，所以便稱爲『緣生之事』。

「這就像是以通透、明淨之虛空爲因，幻術物、咒語、能見物體之心爲緣，便可生起幻相的顯現。

「如此一來，所有出現的現象，雖然它們並不存在，卻會因我執之力而顯現。這就好比在澄淨天空、暖度與濕度的和合之下，海市蜃樓便會出現一般。

「一切於醒時、夢時、中有期間與之後出現的顯相，儘管都不存在，卻會因將它們執以爲實而生起迷惑。這就猶如在夢中，不覺得『這是夢』並認出其虛妄，反倒將它當作永久之境而生起貪戀。

「從內在執著有『我』的增上緣，而出現種種爲『他』的現象，便有如面容與鏡子交會時生起的影像。

「由於全然落入『將自我執以爲實』的圈套中，具有六種城市的世界便看似一一生起。這些彷彿日落時分於平原等處所化現乾闥婆之城的顯相一樣，乃爲此心所執取的視覺。

「對應於身體感官的顯相，從未被成立爲眞實，於此同時，你自己所看見、聽聞、體驗與感受的不同經歷，則如回音一般而現起爲『他』。

「正如大海所映照的一切星辰無異於大海，且與大海本身爲一味；一切顯相亦無異於基，且與基之本身爲一味。

「於廣闊、周遍之基——法界廣境中，由於我執的緣故，而顯現出眞實存在的『自』與『他』，這就如同水中冒出的泡泡。

「空之基法界的澄明層面，被固化成意識之自顯。由此受到強化而化現各種虛妄的顯相，好比藉由強壓眼球神經，或因氣脈擾動所造成的幻覺。

「縱使由基所化現的種種顯相，對於執取有『我』的心識是有所顯現的，它們卻從未離於基或出現於基之外。這就像是有人自在於變化禪定，並於此三摩地中安住等引時，便有種種的變化出現；即使這些變化無根無基，也非眞實存在的物體。

「嗟❷，我不可思議的孩兒，如此漸次禪修，你將了悟顯相的幻化自性，而成爲幻化瑜伽士。」

言畢，上師便消失了。

持明敦督多傑的教導

一次，持明敦督多傑對我說道：

此一金剛，乃常金剛；
欲知其義，便觀虛空！

他接著對此闡述，說道：「且看！此空的虛空爲一切外器世界和內在有情的顯現之基。若做比喻，則反影的顯現之基爲鏡子，是因爲反影無法成立爲鏡子之外的任何東西。水中月影的顯現之基爲水，是因爲這些影像無法成立爲水之外的任何東西。彩虹的顯現之基爲虛空，是因爲彩虹無法成立爲虛空之外的任何東西。

「虛空不會受到損害，所以稱爲『不斷』。虛空不會受到擊敗或摧滅，所以稱爲『不毀』。虛空安住爲現象世界的顯現之基，所以稱爲『眞實』。虛空不受善惡性質影響，所以稱爲『堅硬』。虛空無有動搖且無有變幻，所以稱爲『牢固』。虛空連最微小的粒子都能穿透，所以稱

❷語氣詞，英文為O，法護老師藏文漢譯《自性大圓滿本來面目現前教授．深密精華（淨相）》（以下簡稱《淨相》）的用字為「杰」，談錫永居士藏文漢譯《無修佛道：現證自性大圓滿本來面目教授》（以下簡稱《無修佛道》）的用字為「噫」。此處採欽哲基金會「圓滿法藏．佛典漢譯」編審委員張昆晟博士的音譯用字。

爲『無礙』。虛空不受任何東西所傷，所以稱爲『不敗』。❸

「既然所有的物質都會受到刀兵所損，便是能斷的。它們會因爲緣境而受到擊敗或摧滅，便是能毀的。它們會改變而成爲一種或多種的東西，便是不眞實的。它們會受到別種事物的影響，便是不堅硬的。它們會動搖變幻且非長久靜止，便是不牢固的。它們會受到特定東西阻擋（，便是有礙的），會因爲其他影響而失效，便是能敗的。這類具有無法成立爲眞實存在之特性的事物，便是空的。

「再者，若將粗大的物質磨碎，它們會成爲微塵（粒子）。將這些粒子再分爲七個而成爲七分（分子）。將這些分子再分爲七個，而成爲無方分（空且不實的原子），其特性便是無法成立爲眞實。

「如果認爲它們原本存在，但之後因爲對它們有所作爲，而變成什麼也不是，便注意夢中的顯相——無論對夢中顯相做些什麼，無論是透過觀察或實際接觸，它們從顯現的剎那開始，便無法成立爲眞實。

「觀察僅僅因爲你將雙眼張開與闔上、將雙腳蹲低或抬起，就出現或結束的顯相。如果你認爲在隨後的顯相出現時，先前的顯相並非結束不見，而是去到某處，且所有前前後後的顯相都眞實存在，那麼，就看看夢中的顯相。尤其，事物都只能以因果交互作用的世俗〔諦〕來指稱，而不可能有某種實質的自性存在。所以要好好思量這個課題。

「故而，這些與虛空具有金剛七法有關的描述，在此是以譬喻方式來顯示虛空，如何因其無實而沒有移動和改變。如此說明了法性如何作爲必要自性而在，且此必要自性乃無可言說、無能思量，也無有變易。值得運用這些描述來解釋實質與非實質、實相與非實相之間的區分。如此，若有人象徵性地以手指著月亮，你應當看著月亮，而非只是看著指尖就滿足了。如果無法再三熟稔這些要點而決然地認識顯相爲空，連要絲毫接近遍智之道都不可能。

❸此「金剛七法」採《淨相》的用字，《無修佛道》的用字為：無瑕、無壞、無虛、無染、無動、無礙、無能勝。英文意譯為：無能傷、無能摧、真實、無能朽、穩定、無礙、無能勝。

「我聰明絕頂的孩兒，仔細注意這個要點，藉由了悟一切顯相乃虛空本身，便能成爲虛空周遍之瑜伽士！」

言畢，上師便消失了。

龍欽巴（無垢光尊者）的教導：藉由問答引介，以生起決定

由於對上述要點獲得堅定的信念，我了解到一切顯相本自爲空。儘管如此，關於物質世界的外在顯相、具有生命的內在有情，以及五種感官的所有中介顯相，我依然認爲當自己離世而前往其他刹土時，這些都還會留下，且一切有情眾生皆以其各自的心相續而存在。那時，我的上師無垢光尊者便於夢中出現，用問答方式爲我引介以下內容。

他說：「嗟，善男子，外部顯相的物質世界、於其內的有情，以及其中的五妙欲等對境，就有如消融於幻術詭計般，消失於含藏的空寂虛

空之中，最後將因業氣擾動所致的幻變，而出現你的身體、外器世界、內在有情，以及種種感官顯相。如果對這些生起貪戀，就會開始迷亂。終而，這個存有世界將再次如彩虹融入天空那般，消失於含藏的空寂虛空之中。接著，醒時的顯相又會像先前那樣出現。」

我答道：「我認爲自己的身體並非僅是顯相，肯定是從父母的因緣所生。」

上師回覆：「如果你認爲自己的身體是以這種方式來自父母，那麼告訴我：你〔過去〕那些父親和母親的開始和結束，是什麼？他們的所來、所住和所去之處，是什麼？」

我答道：「我相信他們都存在，只是我不記得了。我認爲不可能有個身體是無父無母的。」

上師反駁：「仔細想想，在夢境、中有期間和地獄道等處的身體，雙親是誰？」

於是，我對此身體於「僅僅顯相之外即無可成立」之理，獲得決然的了解。

我解釋：「嗟，上師，我認為：當自己的身體躺在床上蓋著被子，且出現夢境的顯相時，我的身體和人類的環境依然保持不變。」

上師回覆：「檢視夢中顯現的廣大外在物質世界、無數內在有情眾生，以及五根明晰中介顯相，看看它們是在頭部、四肢、上半身、下半身的哪個位置？」

於是，我確信情況並非如此。

儘管如此，我依然執意地說：「上師，也許夢中顯相的生起，是因為心識去了別處。那麼，當心識再度返回身體時，便會生起醒時的顯相。」

上師回覆：「如果照你所說，則身體便如同屋宇，那麼，在這棟屋宇中，可以讓心識進出的門是什麼？找出來並告訴我。此外，你也必須把心的位置找出來。如果心位於上半身，為何下半身被刺戳時會感覺到痛？同樣地，如果心位於下半身，沒有理由上半身會感覺到痛。如果小小的心識從孔竅進入身體後，會增大到遍及全身，又縮小到可以從孔竅離開，說它能這般變幻大小是沒道理的。果眞如此，則當身心分離時，心識爲何不會於死後再度返回屍體中呢？

「夢中顯相去了哪裡？往上、往下，還是四面八方的哪一處？你相信它們和醒時顯相裡的外器世界與內在有情一樣嗎？或者不同？如果你相信它們是一樣的，那麼，要以睡眠來界定嗎？若是，則它們就並非醒時顯相；若不是，它們就並非夢中顯相。從另一個角度來看，一方面想像它們在上下、內外，一方面相信這些顯相存在，這是站不住腳的。」

我答道：「上師，那麼對此該如何決定？我該持有哪種立場？至高的上師，請告訴我。」

上師回覆：「從無始的生生世世以來，你從未出生，只是有著出生的顯相；你從未死亡，只是有著夢中與醒時等『處所轉異』的顯相。一切眼、耳、鼻、舌、身的所見之色、所聞之聲、所嗅之香、所嚐之味、所感之觸，都僅僅是其本身的自現，除此無他，即使毫端之微的存在也沒有。

「如果你認為：既然眼睛能直接看到、雙手能實際握持、感官能有所體驗，所以事物便是自續存在的，那麼就要設想：所有夢中出現的色、聲、香、味、觸，在當時都真實存在；然而從醒來那刻起，就不存在這些對境了。如此思量，應該能讓你有所了知。

「從無始未曾間斷的生生世世以來，你從未由一處遷移到他處，也從未在他處居住。這個情況與夢中顯相是相同的。如果你認為夢中與醒時的顯相，有著真實與否的差異，可以自己觀察看看：從你出生至今，工作、務農、打拚、攢錢、計畫等種種夢中與醒時的顯相，是否一樣？若不考慮兩者的時間長短與數量多寡而仔細檢視，肯定會認出它們是相同的。

「此外，如果夢中顯相不實而醒時顯相真實，意思就是：夢中顯相為虛妄，而醒時顯相為不虛妄，如此一來，你就得相信夢中的你是有情眾生，而醒時的你是佛！如果兩者皆為虛妄顯相，那麼區分兩者孰眞、孰假便沒有意義，因爲所謂虛妄顯相是指：本身『不是』但顯現爲『是』並加以執持。

「過去至今，你所食之物足以堆成須彌、所飲之水有如大海，然而你依舊不覺飽足；所穿之衣有如三千大千世界❹，然而你依舊不覺溫暖。要知道，如此便表示這些都只是顯相，而無法成立爲眞實。

「若無法認識身體這個顯相乃是空的，而執以爲實，就大錯特錯了。如此之錯是饞鬼（耗損鬼），在於你爲身體所做的種種努力，將奪食你的遍智之果。它是死敵（害命劊子手），在於它將展現生死的顯相，且連接此生來世的輪迴。它會斷命（斬斷命根），因爲你會爲了身體而尋求衣服等快樂，又因受制於執著貪瞋而延續希望與恐懼，以致斬斷解脫的命脈。它會奪氣（讓人窒息），因爲它將奪走你的外在大樂之

❹此處於《淨相》中為：曾著三千大千世界之衣；於《無修佛道》中為：其量足以周匝三千大千世界。

息。因此，那些執著六種心識③對境顯相的人，好比鹿兒將海市蜃樓誤認爲水流而奔去，沒有絲毫意義。

「即使你了知顯相爲空，它們或許依然和從前一樣，彷彿眞實存在且並未轉變爲其他東西。所以，如果你納悶：爲何有必要了知這一點？此時便要思量：若不了知禪修對境的體性爲空性，則你的所有禪修必然會變成無記。

「此外，你可能納悶：既然單從其他各類觀想及禪修所獲的理解和了悟，不能讓人解脫，爲何僅僅了悟空性，便應揭示無實的自性？再者，你可能認爲：如果萬法本初爲空，則是否了知萬法爲空並沒有差別。那麼，便思量：要知道，輪迴與涅槃、解脫與迷妄，端賴覺與不覺、知與不知。悟此覺性，乃是必要。

「有些人可能認爲：如果單靠己力無法理解此事，則聽聞與思惟法教便沒有用處。然而，自無始以來，你便一直未能單靠己力而了悟此事，也一直流轉輪迴。要知道，藉由聞思和修學，將可了悟空性，進而獲得契合諸續、口傳、口訣的見地。

「進一步來說，你是在經歷聞思和修學等重大困苦而了悟空性，或是在沒有絲毫艱難的情況下了悟空性，了悟的品質並無優劣之別。舉例來說，你是在經歷重大困苦之後找到黃金，或是在沒有絲毫艱難的情況下，於自己的床下發現黃金，黃金的品質沒有好壞之差。

「思辨擇定一切顯相為空性的心識，稱為思擇慧。確實擇定輪迴與涅槃為大空性的隨類智（相續後一心識），稱為證無我慧。一旦於心相續中生起這兩種慧，首先能得了悟，接著將有覺受，最後則獲定見。此乃關鍵要點。

「再者，若你要主張，身體等僅為顯相而無可成立是不正確的，因為證得自身空性的人，他們的身體仍會受到水、火所侵，或箭、矛、棍所傷而感到疼痛。那麼，便要如此思量：在未達致法性窮盡的法界之

③又稱六聚識，指的是六根。

前，二元的顯相仍不會平息；在那些顯相消散之前，損益利害的顯相依然會不間斷生起。然而於實相中，就連地獄之火也未能使之灼傷。」

言畢，上師便消失了。

薩惹哈尊者的教導

另一次，我於淨相中見到大成就者薩惹哈，便請示這位成就者之主：「清淨蓋障的方式爲何？了證本尊的方式爲何？遠離魔鬼與作障者的方式爲何？請您說明！」

上師回覆：「嗟，大士，必須消除損益之過患。至於所謂蓋障，不明白基的體性爲空性，稱爲蓋障和無明；此等無明若根深柢固，則稱爲習氣。這些無法以致力於身和語的修持等一般作爲加以清淨，而是要藉由思擇慧擇定法性，如此便能自然清淨蓋障。

「身和語所有能利益的善德，位置在哪？累積貯存於何處？探究並分析它們的所來、所住、所去，就會發現它們都沒有任何所指稱的對象。那麼，它們能利益什麼呢？若探究所謂能利益心的勝義空性之意，則無論是在心的內、外或上、中、下，都可確知此等利益並無所指稱的對象。於是你將發現：這些所謂的利益，不過就是在輪迴中所累積的福德。

「同理，罪惡的累積堆聚之處，在四面八方的哪兒呢？貯存於何？這就要探究它們如何損害空的心——無論是在心的內、外或上、中、下。仔細檢視不斷從事身、語善德者的心識之流，以及一輩子都在造惡者的心識之流，就會發現兩者在延續種種貪瞋和希懼方面並無極微之差。如果他們得以解脫，是因爲心識之流得以解脫；如果他們有所迷妄，是因爲心識之流有所迷妄。兩者於流轉輪迴而不得解脫的心識之流這一方面，是沒有絲毫差別的。故而，善惡之分只在於帶來的是短暫的樂或苦，然而除此之外，它們不過就是延續輪迴罷了。

「若不以此方式抉擇善的自性，便會誤將累積暫時福德之善當成解脫道，以致無法獲致遍智之果。如果不能決定惡的自性，便無法知曉對自己體性的無明乃是一種遮障，且爲愚痴的基礎，以致無法認清愚痴之因。於是，你將不得不於輪迴中無盡迷亂而沒有其他選擇。因此，要認識到對此加以抉擇乃至要關鍵。

「探究所謂護佑善神的最初來處、中間住處和最終去處，就會知道他們並沒有所指稱的對象。以顯現爲感官對境的色、聲、香、味、觸這些客體來說，善神的存在能以何者成立呢？如果認爲他們存在於外器世界和內在有情各大種之一的範疇裡，便在那些分子和原子中探究，檢視大種的個別名稱和組成，看看這些善神如何發揮利益作用。

「對惡鬼亦做相同的探究，就會知道他們也沒有所指稱的對象。所有苦樂皆爲如夢的心意顯相，因此並無神鬼所造之損益，只是假名安立。如果認爲是鬼帶來損惱，便思量：既然他們不在色、聲、香、味、觸的範疇內，則所謂的『鬼』不過是稱呼而已。探究他們如何帶來損惱，便會曉得他們並不存在，非爲客體，不過空爾。

「人們由於迷妄而將身體上、下各自視為好、壞。由於上半身看來潔淨，就視之為神；由於下半身看來汙穢，就視之為鬼。如此導致希望與恐懼的相續之流，又因我執的緊緊綑綁而生起苦樂體驗的相續之流。所有這些不過皆為輪迴的經歷顯相，連極微的眞實存在都沒有。這一點以夢境為喻，即能闡明。

「上述的根本要點在於：要了知事物的存在方式，如此能遣除禪修的障礙。藉此掃盡於禪修之不信任、不堅定的種種障礙後，你便能獲得定見，且對法性之義充滿信解而了無疑問。因為離於無明之蓋障，你將於本覺大妙用獲得自在。

「這也是息解與斷魔之甚深修持的根本。於本覺外，不尋求其他聖眾。如此將肯定認出於分別妄念之外，別無他魔。而這種認出，對所有除障成就法和儀軌來說皆是不可或缺的。若能獲此智慧，你必定可成為了悟諸法如幻的幻化大瑜伽士。

「嗟，本覺超然於心④的小兒，將此教導傳予你的弟子，使他們成爲決定祕密大乘之瑜伽士。」

言畢，上師便隱沒於眼前。

金剛手菩薩的教導

一次，我於光明淨相中，見到吉祥金剛手菩薩，便請示：「嗟，偉大的勝者金剛手尊，所謂佛果，是我於自身中覺醒而得？或是需要前往他處而證？」

上師回覆：「且看！具福的善男子，如果你認爲所謂的佛，是那些住在廣大剎土、面容和善、離於過失、寂靜清涼、清淨無濁、外貌俊美具有魅力的尊聖者，便思量：他們的雙親是誰？若是由母所生，便落於生之邊；若是住於某處，便落於常住之邊；若是不存在，便落入斷滅之邊。簡言之，沒有任何事物同時有生、住、滅皆獨立實存的體性，又具有離於常、斷二邊的本性。這些看似生滅的顯相，不過是假名罷了。

「再者，若將證悟執以爲實，便是自縛。如果輪迴與涅槃的勝義自性有實際之區分，則關於凡俗存有與〔涅槃〕寂靜兩者，具有相同本性的這種指涉，就只是空口白話。許多人執著涅槃實際存有，因而陷入希望與恐懼的陷阱中。有許多與淨土受用有關的描述，若思惟廣大功德卻執以爲實，便依然構成了法我執。若將如來視爲永恆眞實的存在，則無論如何稱呼，都只是將其視爲人我。

「如果認爲佛有眼，佛也會有眼識。一旦眼識成立，必然會出現色法的顯現，此稱爲眼所執境。一旦有此對境的成立，必然會生起近取色相的細微分別之心，此爲眼能執之心。有能執和所執的二元分別，稱爲『心』；具有心者，稱爲『有情眾生』。

「同樣地，如果認爲佛有耳，佛必然有耳識，也必然有聲音。如果

---

④這是從已然超越分別概念和二元之心的意義上來說的。

認爲佛有鼻，佛必然有鼻識，也必然有香氣。如果認爲佛有舌，佛必然有舌識，也必然有味道。如果認爲佛有身，佛必然有身識，也必然有觸感——這些都成了他們的所執之境。近取諸境的概念總集，乃是能執之心。而如前所述，具有心者，便稱爲『有情眾生』。

「所謂佛，若有未超越二元執取之佛，則他們的功德就能像世人皆可將功德轉予他人那般，遷轉至有情眾生身上。如果認爲佛有宣說佛法，則會出現『傳法者爲我、所傳之法爲教導、受法者爲有情眾生』的能執，如此一來，相較於有情眾生，佛連芥子般較上等的功德也不具有，全都成了有情眾生。

「如果認爲悅意周遭、妙美身相、善好友伴、廣大受用安樂、無貪無瞋，這些都屬於佛的殊勝功德，那麼，佛並未勝過色界天人。這樣的佛，不過也就是有情眾生。

「於了義中，自基普賢王稱爲『三時如來』。於勝義諦中，未有佛陀出興於世或教導佛法。諸多的續、口傳和口訣都清楚解釋了：於弟子面前有自現導師化顯的情況。對此要點應觀察了悟。

「此外，如果認爲有其他的輪迴剎界可成立爲實有，且諸多有情眾生從一處流轉到他處而相繼體驗苦樂，這並不合理。如果你捨棄的以前那個身體之顯相爲眞實，那麼，你於中有期間何以會獲得身體呢？如果當今的有情眾生僅僅因爲肢體受創、燙傷，或冬季一日的風寒便喪命，那麼，在八熱地獄和八寒地獄中形成並有感受的身體，爲何不會因長期烹煮、燒灼而死呢？

「同樣地，如果當今僅僅因爲幾月或甚至幾日的飢餓便喪命，那麼在餓鬼道的有情眾生，爲何不會因數劫的饑饉而死呢？

「因此，六道和中有的一切有情眾生，都只是猶如夢中顯相般地顯現；除了顯現之外並不成立，皆爲空而不存在，對此貪著實有，乃屬迷妄。

「若以這種方式來決定迷妄顯相的自性，並領悟到這些妄相的非眞實有、爲空、不具客體對境，便已浚空輪迴深處。若能斷然了解：於本基之外並無他佛，且對自己具有信心，便能實際證得『由眾佛中自解脫』的境界。

「嗟，虛空自在、遍在金剛，當決定輪迴與涅槃一切現象皆無實、為空，並了悟其無實之自性。」

言畢，上師便消失了。

忿怒蓮師（多傑綽洛）的教導

經過長時間的思量，我對「無實」生起了定解，因而知曉外器世間與內在有情的所有顯相，都是本自為空。儘管如此，諸多種類的空性似乎還是屬於無記。此時我於淨相中見到無上的忿怒蓮師（多傑綽洛）⑤，他唱誦著「吽」曲，並藉此揭示輪迴與涅槃皆為空性之展現。

於是我問道：「嗟，偉大無上的殊勝本尊，縱使我了解輪迴與涅槃為空，但此空性似乎依然無有損益。何以如此呢？」

上師回覆：「嗟，我的孩子，虛空自在，要將輪迴與涅槃全然歸攝於空性，將空性歸攝於體性，將體性歸攝於基，將輪迴與涅槃歸攝於基之遊戲展現，並將輪迴與涅槃要義歸攝於基之本身。

「海面的星辰倒影，無異於大海。外器世間與內在有情，無異於虛空。輪迴與涅槃，無異於法性之展現。此一綱要原則與法性，既周遍一切，也涵攝一切。應當了解這些譬喻和其所表徵的內涵。如此，你將成爲內證輪涅的瑜伽士。」

言畢，上師便消失了。

金剛持的教導

七年後，法身上師金剛持出現在我的夢境淨相中，我問道：「嗟，

⑤蓮花生大士的忿怒顯現。

上師、薄伽梵，如何於解脫與遍智之道得解脫？又如何於不淨輪迴之道得迷妄？願上師解惑！」

上師答道：「嗟，大士，且諦聽！佛與有情眾生的區分，在於明與無明。根本的本初怙主普賢王，具有四身、五智的自性。其體性空的層面為法身，自性明的層面為報身，悲心自解脫的層面為化身，自性周遍且涵攝輪涅的層面為體性身。

「其能容納一切現象，因而稱為『法界體性智』。澄明、昭然、離濁，因而稱為『大圓鏡智』。輪迴和涅槃皆為清淨和平等的展現，因而稱為『平等性智』。能了知且感知的本智自性無礙，因而稱為『妙觀察智』。藉由清淨與解脫而成辦所有，因而稱為『成所作智』。

「能讓人解脫為自生佛的道本覺，化現在四身和五智的自性中。本覺體性的展現，周遍而廣至虛空邊際、無有客體對境，且為無根無基的大周遍。其離於分別戲論的層面為法身，其自性自明的層面為報身，本智無礙明性的層面為化身，屬於輪迴涅槃總基的層面為體性身。

「在決定基的自性後，了悟輪迴與涅槃於法性法界中乃一味的層面，爲法界體性智。不將空性歸攝於『頑空』（僅爲無物質的狀態），澄明、昭然、離濁，有如無垢明鏡能顯現一切的層面，爲大圓鏡智。覺知輪迴涅槃於大空性中，乃平等清淨的層面，爲平等性智。本智無礙昭然而能辨察本覺展現的層面，爲妙觀察智。於本覺得自在，且自然成辦清淨事業和解脫事業的層面，爲成所作智。

「許多人不知曉如此之自性，將無法分辨心與本覺的消極心識狀態，取而爲道。他們將外在顯相執取爲具有本自性相的無記作用者，內在又緊緊受縛於執實自身爲無記、恆常的鏈鎖中；於〔外在與內在〕二者之間，則單單於心識清明、無礙、能知的狀態，得到一定程度的穩固。然而，儘管如此可能帶來牽引他們投生上三界的善德，卻無法使其獲致解脫與菩提。所以這個方向是有過失的。

「眞實了知輪迴與涅槃一切現象，於眞如、法性之自性中皆屬一味，是爲『如所有智之般若』。心識雖然安住於本覺體性之中，而能了知一切、知曉一切，且無礙、自生，是爲『盡所有智之般若』。此種般若儘管無礙，卻不涉入對境，好比一滴水銀落在地上〔而不涉入土壤〕。

「將輪迴與涅槃視爲自相續、將顯相執以爲實，且於基之自性不能覺知者，爲心。由此心中，生起種種涉入對境的生滅念頭，便如一滴水珠落在旱地上。

「淨基佛果的本來面目於基是自在的，若受到無明遮蔽，將導致基之自然『勢能』❻的一切身與智，隱沒於內勢。外勢則向外投射，以五光的層面顯現爲五大種的展現。

「過程是這樣的：由於法界體性智受到無明遮蔽，其外勢顯現爲青光，而稱爲『內大種、大種與虛空淨分』。由於對青光執以爲實並加以耽著，此光便顯現爲虛空，而稱爲『外大種、小種與濁分』。❼

「由於大圓鏡智受到無明遮蔽，其內勢隱沒，造成外勢顯現爲白光。此爲水之淨分、大種與內大種。由於對白光執以爲實並加以耽著，此光便顯現爲水，而爲其濁分、小種與外大種。

「由於平等性智受到無明遮蔽，其內勢隱沒，造成外勢顯現爲黃光。此爲地之淨分、內大種與主要大種。由於對黃光執以爲實並加以耽著，此光便顯現爲地，而爲其濁分、小種與外大種。

「由於妙觀察智受到無明遮蔽，其內勢隱沒，造成外勢顯現爲紅光。此爲火之淨分、內大種與主要大種。由於對紅光執以爲實並加以耽著，此光便顯現爲火，而爲其濁分、小種與外大種。

「由於成所作智受到無明遮蔽，其內勢隱沒，造成外勢顯現爲綠

---

❻《無修佛道》的用字為「光華」。法護老師《上師意成就金剛忿怒力·口授道次第·智藏疏》（簡稱《道次第》）註解：本覺或基自具之效能，若依傳統觀念，相當於「體、相、用」中「相」的概念，然並非相等，藏傳多以太陽為喻，太陽本身為「基」，陽光即為勢能，光芒之照耀及溫暖是力用或作用；本節頗難明述，因根源於整個由明、無明展現生三界輪迴世間之架構次第，亦是大圓滿教法迷悟解脫理論之樞紐。

❼此處於《淨相》的對應用詞為：「內大種及虛空淨分大種」；「外大種、小種、微種濁分現象」。於《無修佛道》為：「內種」或「大種」，即空大之精華；「外種」或「次種」或「顯濁」。

光。此為風之淨分、內大種與主要大種。由於對綠光執以為實並加以耽著，此光便顯現為風，而為其濁分、小種與外大種。

「以這些住於內在的光與勢為緣，五大種的不同顏色和顯相，便毫無間斷地化現。

「這五種迷妄之基的力用，則以下述方式化現：由於無明遮蔽了基，那有如虛空、非物質性、無思無顯的眞正含藏，就好像深睡昏厥一般。癡的體性融入此狀態中，乃為一片廣大的無明之田。

「於此狀態中喚醒的業劫氣，為嫉的體性。由於其作用，從空性中出現明性而稱為『含藏識』，存於瞋的體性中。由於僅僅顯現自我而生起我執，為『末那識』，存於慢的體性中。從中生起心意，而安立於頑空中出現顯相的潛藏力，以致帶來明性；此存於貪的體性中。這些便構成了生起為內勢外顯的五種體性。

「五毒的體性好似火焰，煩惱念頭則猶如火花之形成。

「如此，對境便在含藏與心之周遍的空性與明性中，毫無阻障地現起爲顯相。於是，藉著『業氣動搖之緣』與『基能顯相之因』的因緣和合，諸色的種種顯相，便依著基與基本身之外無他的方式現起。

「現起爲色之顯相的各種對境，僅依約定俗成而稱爲『眼識』。因此，好比大海的現起客體稱爲『對境』，好比星辰〔倒影〕的色之顯相則稱爲『所執』。

「以此之故，有一細微、能執的心識，便對此諸色加以命名、給予意義且執以爲實。耽著諸色爲樂、苦、無記的念頭接著生起，稱爲『眼之能執心』。

「同樣地，現起爲聲音的無礙客體，稱爲『對境』；現起爲聲音的顯相，稱爲『所執』；近取這些顯相的心識，則稱爲『能執心』。如同上述所說，這些都是因緣和合的緣生之事。

「同樣地，現起爲氣味的顯相，僅依約定俗成而稱爲『鼻識』；現起爲味道的顯相，僅僅稱爲『舌識』；現起爲觸受的顯相，僅僅稱爲『身識』。然而這些『識』都不會眞實出現在上述的不同竅孔中，此理只要從夢境與中有的顯相，便能清楚了解。

「有些人以顯相爲心，他們可能認爲所有外在顯相都是分別念頭且眞實爲心，然而並非如此。這一點可由下述情況來說明，也就是：顯相於生起的當下，便有所改變；先前片刻相繼消逝，後續片刻因而出現，心卻對這些片刻的自性一無所取，如此一來就讓心成爲無實。因此，當八識⑥的顯相依序於其本自類別中出現時，輪迴便全然顯現。當這些顯相再次消融於含藏識之時，則隱沒於世間存有之頂。

「以此道理，輪迴與涅槃的整個顯相世界，不過是基的本身而無他，且於基之中爲一味。譬如海面雖然出現種種的星辰倒影，實際上它們與海水爲一味，這是你必須了解的。揭示一切現象皆爲自現，此乃金剛持的精要教導。」

言畢，上師便從眼前消失了。

---

⑥八聚識為心識的八種蘊聚：眼識、耳識、鼻識、舌識、身識、意識、末那識、阿賴耶識。

本初智之體性

米龐仁波切

保任覺性自性之方法

禮敬吉祥本初怙主。

修持保任覺性自性，依序為「認出」「純熟」「獲得穩固」的三階段。

首先，藉由上師的口訣教誡，細察覺性赤裸和本然的面貌，直到能離於設想而看見。

在以確信抉擇後，單純保任如此的自性，乃至關重要。只是認出，尚且不足，必須以下列方法純熟：

你可能已認出覺性的面貌，但除非安住其中，否則分別念頭將會干擾，以致覺性難以赤裸顯現。因此，在那一刻，要對念頭不迎不拒而安住，反覆不斷地安住於無造作的覺性中，這一點至關重要。

再再如此修持後，念頭大浪的力量將會削弱，覺性的面貌也會變得更清晰，且更易保任。

根本定時，應該盡力安住於此覺性體性；後得位，憶念覺性的面貌而保持正念。

若如此串習，覺性的力量便會增長而逐漸純熟。

這是指，一開始當念頭生起時，並不需要運用對治法讓念頭停止。若能任由念頭〔來去〕，到了某一刻，它將如盤蛇自解而自然解脫。

對此更加嫻熟後，念頭的生起只會引起輕微的騷動，但立刻又如水面作畫般自行消失。

如此鍛鍊後，將獲得無有增損的覺受，屆時，念頭的發生便不會再造成任何問題。於是，如小偷進入空屋一般，你對念頭是否生起，不再抱有希求或恐懼。

藉由如此串習，你將獲得純熟。最終，分別念頭和普基（阿賴耶），以及任何滋生念頭的動力，都會消融於無造作的法身中。此即是以覺性安住本位。

縱然你在布滿黃金的島上遍尋四處，也無法找到一般的石頭，同理，顯現與存有的一切都將成爲法身淨土的覺受。當萬法成爲涵攝一切的清淨時，便獲得穩固。

同樣地，藉此，白天的分別念將逐漸受制於覺性力，夜間也無須運用其他教誡，應當了知，夢境和認出深淺睡眠光明等，也都適用相同的道理。

在獲得穩固之前，無論如何都要如穩定的流水般，以無散亂之精進而持續（串習）。

此爲米龐之教導。願賢善增長。

紐修・堪仁波切（Nyoshul Khen Rinpoche）

正念之鏡

紐修・堪仁波切

禮敬自生的正念之王。

諸位金剛法友且看此！
吾乃正念金剛。見我之時，請提正念！
且看不動之心的體性！
吾乃正念之鏡，清晰映顯汝等正念力。
正念為佛法根本。
正念為修持正行。
正念為心之堡壘。
正念有助於任運覺智。

若無正念，受制於怠惰。
缺乏正念，導致諸過失。
缺乏正念，無法成就何要旨。
缺乏正念，如一堆糞屎。
缺乏正念，即睡臥尿海。
缺乏正念，如無心死屍。
諸位法友且提起正念！
願藉殊勝上師祈求力，令諸法友獲得堅固之正念！

此番督促正念之語，乃由齙牙之愚蠢公牛——即此糟糕之僧人——蔣揚．多傑所寫，並供養予其金剛法友。願賢善增長！

驅除闇昧之燈

米龐仁波切

往昔了悟者傳承之直指心性教誡

禮敬上師及文殊師利智慧尊。

無須廣泛聞、思、修，
然藉口訣傳承力，保任心之體性者，
凡俗鄉間瑜伽士，僅消少許之辛勞，即可達至持明位；
此乃甚深道之力。

若能讓此心自然地不作任何思惟而安住，且於此狀態中保持不間斷的正念，便可經驗到平等、無記的心識中生起的蒙昧黑暗。在如此心識還沒生起了知的勝觀之前，此即爲上師所稱的「無明」（藏文：མ་རིག་པ།，ma rig pa）。你無法以「好比如何」或「這個就是」來界定它，故而這樣的心的狀態也稱爲「無記」（藏文：ལུང་མ་བསྟན།，lung ma bstan）。此外，由於無法說出自己安住何處，或者在想什麼，此狀態也被標示爲「凡庸的平等」（藏文：ཐ་མལ་བཏང་སྙོམས།，thamal tang-nyom）。實際上，你只是落入了普基（阿賴耶）的凡俗狀態❶。

雖然必須透過這種安住方法來生起無分別的本初智，但由於這種方法尚未現起覺性智，因此並非禪修正行。《普賢王如來祈願文》中說到：

毫無正念處蒙昧，
即此無明迷亂因。❷

既然你的心確實經驗到這種無思惟、無念頭竄動的蒙昧狀態，那麼就自然看著注意到此狀態者、那個不具念頭者。如此一來，將會有無念的了知（藏文：རིག་པ，rigpa）①，它全然開放、不分內外，有如一片清朗的天空。此中並無能感受者與所感受者，但能夠抉擇本身之自性，並生起「此外無它」的信念。由於無法以概念或言語確實表達這個狀態，一旦得此信念後，便可用如此形容之：離於諸邊、無可言詮、本自光明、覺性或了知（本覺）。

於是，了知自性的本初智將逐漸顯露，蒙昧狀態的晦暗將清除，如同屋內樣貌能因太陽升起而得見，你將對自心本性獲得定解。此即是「打破無明之殼」的教誡。

❶關於「平等」，堪欽慈誠羅珠仁波切在開示「菩提心的修法」時說到：「無記的捨心就是不善不惡的平等心，這不是我們的目標」。

❷感謝資深藏漢譯者敦珠貝瑪南嘉同意引用其根據噶千仁波切之開示所譯的《直了宣說大圓滿普賢王密意續所出大力願文》。

①此篇所出現的本覺（rigpa），皆依照祖古．烏金仁波切和紐修．堪仁波切的開示而單純解釋為「了知」（knowing）。

以此體悟，你將理解此自性乃本然而在且超越時間而在，並非因緣所生，於三時之間無有變異，而且除此自性之外，也找不到其他稱爲「心」的事物，就連微塵般的存在都沒有。

儘管先前的蒙昧狀態難以描述，但也無法清楚抉擇。了知的樣貌同樣也無法形容，但你如今已然對此抉擇毫無懷疑，故而這兩種無可言詮，好比視力正常和眼睛失明的區分，有著天壤之別。

這也說明了普基與法身之間的根本差異。

同樣地，平常心、心意無爲、難以言喻等，所指的也分爲清淨的或不淨的狀態。因此，在理解到「字詞相似但意義崇高」的關鍵點時，將能體驗並了悟到甚深意趣。

在即將自然安住於心的體性時，有些人僅僅試著保持覺知，然後以「啊，意識多麼清晰！」的感覺而安住；其他人則執迷於蒙昧的狀態，彷彿心變成一片空白。但是，這兩種情況都只是心識攀執於二元經驗的面向。如果出現有清晰與執著清晰者、空性和執著空性者的狀況，便要看著那份頑固而牢記不忘之心念續流的自性。如此一來，便能拔除那繫縛耽著於能知與所知此二元之心的樁木，決斷離於中央亦離於邊際的赤裸、廣大、明燦之明空，其自然本性爲清澈澄然，而稱其爲覺性之體性。它蛻去執著覺受的外殼，而爲覺性智。此即是「斬斷輪迴存有之網」的教誡。

同樣地，就像是糙米脫去了種種設想與短暫經驗的糠粕，應當認出覺性自然自明之本質。

以此本然自性的任運自明力，將能認出有如米穀脫出米糠而不爲各種設想和短暫經驗遮障的了知。然而，只是認出此覺性的自性是不夠的，還必須對此狀態逐漸串習並加以穩固。因此，無散亂地保任，且不斷憶念而安住於這個本然狀態中，便非常重要。

如此繼續修持後，有時或可出現昏沉和渙散的愚昧無分別狀態。有時或可出現尚未生起勝觀清明的開闊無分別狀態。有時或可出現帶有貪欲的大樂，有時則又出現不帶貪欲的大樂。有時或可出現各種帶有執念的明性覺受，有時則又出現離於執念而無濁亂的清澈。有時或可出現各種帶有執念的明性覺受，有時則又出現離於執念的無垢光耀。有時會有不悅和勞累的覺受，有時則有愉悅和平順的覺受。有時會有散漫念頭的強烈湍流，使人失去自制、失去禪修；有時則有毫無明性的昏沉遲鈍狀態。

這些及其他各種無法預測的覺受，都是我們自無始以來所串習的念頭狀態，乃爲無數的業風之浪。它們有如長途旅行中，各種賞心悅目或險峻陡峭的風景。因此，對於任何生起的現象都不要重視，而要保持本然的狀態。

對此修持尚未通達熟練之前，不要因爲有大量念頭如火焰般驟然燒起而感到喪氣。反之，要在鬆緊之間取得平衡，保持修持而不間斷。如此進行之後，將逐漸出現證得的覺受等。通常在此時，透過上師的口訣而於自身覺受中，將能認出了知與不了知、普基與法身、心識與本初智，並對兩者之間的差異獲得把握。

保持著這種認識，並在本初智的自性自然呈現時，讓心識有如水不攪動便自然澄清一般而自行平息。這個教誡應被視爲主要的重點。

不要涉入猜想，以爲要迎納什麼或拒斥什麼，例如：「我的禪修對境是心識或本初智？」也不應依賴書上的理論知識，那樣只會增加念頭的活動。這些涉入會遮蔽你的止觀禪修。

藉由自然安住穩固正念續流的純熟寂止，以及認識到自己體性爲本自光明的自發勝觀，將此二者融合修習並獲得穩固，而了知自然而本始安住的「寂止」以及本然光明的「勝觀」，自本始以來即無有分別，如此一來，大圓滿意趣之自生智將能顯露。此即爲「於如虛空般之平等捨中安住」的教誡。

吉祥薩惹哈尊者曾說：

能思所思盡然作捨棄，
保持無念猶如孩童般。

此爲安住的方法，並且

實修上師之語且致力，
若得直面本覺之教誡，
無有俱時所生諸猶疑。

於是，將顯露自生的本初智，亦即本覺，也就是與自心本初俱生的自心本性。而萬法的這個自性（法性）也是原始究竟的光明。

如此，安住於本然之中，保任對一己本然面貌——心的體性或自心本性之本覺——的認識，乃爲「融合上百要點於一」的教誡。此外，這也是應該持續保任的要點。

這個修持的進展程度，就看夜間光明的強弱程度。要了解，走在正道上的徵兆，爲信心、悲心與智慧的自然增長。要親身體驗此修持的輕鬆自在和艱辛漸減。要確信其深度與迅速，因爲藉此所獲的了悟與透過其他修道極大勤作所得的了悟，是相同的。

經由修持自心光明，心中的妄念與習氣遮障將自然清淨（藏文：སངས，sangs），二智將毫不費力地開展（藏文：རྒྱས，rgyas）②，你將掌握本初之王位，並任運成就三身，而此乃修持之果。

甚深。祕密。三昧耶。

米龐．蔣巴．多傑於火馬年二月十二日之吉祥日（一九〇六年四月六日），為利益不想特別致力於一般聞思，但仍希望修持心之體性的鄉間瑜伽士，以易懂的佛法詞彙，和符合所有往昔了悟者之覺受的甚深教誡，寫下此修持導引。

願賢善增長。

---

②藏文「桑傑」（sangs rgyas 之音）的意思為「佛陀」。

老維嘉雅①

雪謙・嘉察・貝瑪・南嘉❶（Shechen Gyaltsab Pema Namgyal）

禮敬上師。

這是為虔敬眞誠的善男子利桑所做的開示。

如果希望自己能夠眞誠修持佛法，首先要確定：暇滿難得、死亡無常、業行因果、輪迴過患等主要課題，都非只是文字和想法，而是發自內心深處加以思惟。於是，在你對此非常熟悉之後，將不再關心輪迴整體的享受，且理所當然地只會對崇高的佛法有興趣，其他事物都不再重要。一旦有此感受，佛法修持便成功了一半。

除此之外，要不斷提醒自己上師及三寶的殊勝功德。藉由如此鍛鍊，不論任何快樂或痛苦降臨身上，你都不會尋求上師與三寶以外的皈依處。於此之後，你將成為佛陀的追隨者。而這本身就是皈依的修持，也是所有其他戒律的基礎。

於此之上，要鍛鍊自己，認可一切有情眾生皆爲自己的父母，並在不斷持守這個態度的同時，培養慈心、悲心及菩提心。如此串習之後，不論所作所爲，都可以利益他人，且永遠不會受縛於自私自利。當你達到這個境界時，你便是大乘的追隨者，也堪稱爲「勝者之子」。如此的福德和利益是無可計量的。

避免偏離眞實之道的方法如下。只要尚未成辦以上的修持，無論多麼會唱誦、多麼會修成就法，見地有多麼高、禪定有多麼深、行爲有多麼精細，完全都不重要，因爲你所做的一切都不過是在尋求世間目的，

---

① 貝瑪．維嘉雅為雪謙．嘉察的筆名。

❶ 雪謙．嘉察（1871-1926），全名為雪謙．嘉察．久美．貝瑪．南嘉。蔣揚．欽哲．汪波大師認證其為雪謙寺第三任雪謙．嘉察—烏金．讓炯．多傑的轉世。「嘉察」為攝政之意。參見書末簡介。

以及食物和衣服。這絲毫無法讓你更接近眞實之道。你只是在愚弄自己，欺騙自己。由於這個道理，因此要卯足全力將前述主要課題銘記在心。

若要成爲佛法的修持者，就必須將教法融入於心。修持所指的應該是自己的勤作要成爲對治三毒的良藥。如果修持佛法卻無法對治自私情緒，那個修持便完全無用。當你的心與教法融合，且教法能夠對治我執時，佛法就在你的相續中誕生了。屆時，佛法便已順利成爲你的修道。

在那之後，不論進行任何與四灌頂相關的修持，例如生起次第、持咒，或有相、無相的圓滿次第，都會眞實成爲無上的迅捷之道，且不會誤入邪途。

生起次第的觀點，承許一切由大量念頭和概念組成的蘊、界、處❷等現象，自始即具有「清淨圓滿」的自性。所有現象爲一座具有三圓滿基的本尊壇城，亦即無別的清淨與平等。在承許此點的同時，至關重要的則是尊身明晰、憶念清淨、佛慢堅固，而淨化、圓滿、成熟三者亦然。如果不具上述承許要點，反而將本尊視爲具有眼睛和鼻子的實質面容，我便無法保證你會有什麼下場。

至於持咒和念誦，你應該在承許以下的同時來進行：呼吸和能量的移動，以及情器（有生命和無生命）世界中所有的話語和音聲，自始即是勝者的全然圓滿之語，亦即無生的音聲空性。你也應該在如此承許的同時，掌握包括繫命四釘❸在內的持咒要點。如果不具這個承許要點，而是以飄忽不定的眼神和恣意放縱的舌頭，上下震動著雙唇，如此漫不經心地念誦，不太可能帶來甚深的結果。

接著，圓滿次第是要認識到自己的本性爲超越束縛和解脫的了知之

❷《佛光大辭典》：一切諸法分為蘊、處、界三類，稱為三科。蘊處界又作陰入界、陰界入。即：（一）五蘊，又作五陰、五衆、五聚。指色、受、想、行、識。（二）十二處，又作十二入。指眼、耳、鼻、舌、身、意、色、聲、香、味、觸、法。（三）十八界，眼、耳、鼻、舌、身、意、色、聲、香、味、觸、法、眼識、耳識、鼻識、舌識、身識、意識。

❸三摩地本尊釘、心咒真言釘、意不變異釘、集散事業釘，屬於大圓滿生起次第的緣觀竅訣。

心，自始即爲勝者的金剛意。不要讓此認識成爲單純設想或假裝，而要毫無謬誤地認出自心眞實的本然狀態。你應該在了知此點的同時，好似平穩的大江水流般，保持這種認出，不作挑選或揀擇、迎納或拒斥。否則，執迷專注、過度企圖，或以空洞的理論和概論而持續，只會讓你一事無成。

想要眞實認識自性，就必須領受傳承上師的加持。這樣的傳續有賴於弟子的虔敬，而非關係的親近。因此，絕對不要離於將上師視爲法身佛的虔敬，此點至關緊要。

爲了達到這個目的，以各種方法堅持不懈地積聚資糧、淨除遮障，也同樣具有利益。若不結合這些善因和順緣，僅僅一味地忙著聽聞和講說，將毫無幫助。許多人在到了眞正需要的時候，才發現他們一直在愚弄自己。

相反地，若能於內在匯聚信心和虔敬等諸多起因，你會了解到三時上師的悲心攝受是無增無減的，而你便沐浴在三根本的加持之中。當你達到這個境界時，不論希求的是殊勝或共通的成就，都將自然發生。如此，你將成爲成辦自他利益的勇者。然而，看看我們當下的思想和行爲，很難說這不過是一廂情願的想法。話說回來，若能堅持不懈，必將如此實現。這可以由持金剛勝者的眞實話語，以及往昔大師眞實的生命典範來佐證。因此，要將這個開示銘記於心中。

就算我將此開示以偈頌寫下，關鍵意義也不會有差別。所以我在此用散文表達，便是爲了簡化意義。以此善德，願你的心順利地走在眞實之道上。

願有助益。願有助益。願有助益。

此爲貝瑪・維嘉雅所述。②

②於此出現這一行，看來是因為雪謙・嘉察於後加寫了以下的附錄。

此外，屬於世界與眾生的一切事物，輪迴和涅槃，全都是自知自明之覺心的遊戲、舞蹈和嚴飾，所經驗到的也無異於此。這就好比當你抵達純金之島時，怎麼也找不到一顆凡俗的石頭或土塊。同樣地，由於一切都歸攝於單一明點的廣界之中，便是超越造作的本始自在大圓滿。對此的清楚解釋，可見於無垢光尊者——即普賢王如來本人③——的著作，以及其傳承子嗣者的著作中。

上述的事實，並非由智慧的諸佛所創，也非由聰明的眾生所造。它不因耽著見地與禪修的可貴概念所縛，也不因持守二元煩惱的惡劣概念所染。此時此刻，自始即在的眞實自性，那原始俱生的本初智、內在了知的現觀，即是我們人人內在皆具的心性：赤裸而空的了知。

此平常心的無造作本然狀態，不是由博學多聞的大師新創，也不是由弟子的卓越修持新生。它自始即在每個人的心相續中，永不消失，且上自普賢王如來、下至最小的蟲蟻皆同。然而，有情眾生卻不認得他們的自性，有如迷路的王子在凡夫俗子眾裡被遺忘一般。因此，要抉擇那無造作、了然的本初智，本身即是普賢王如來的法身之意。

不論出現什麼樣的經驗，都不要以是否應保留或捨棄、迎納或拒斥的批判加以染汙。反之，於自在坦然的廣界中鬆解無所取捨的本初智，確實安住於廣大的周遍之中，隨心所欲且毫無拘束。於此之上，千萬不要試著用以下的各種修整和改善來損壞，例如期望更好、害怕變差、專注它處、專注某物而認爲它在此處、促成止靜、阻擋動念、不斷記錄生滅、分離明空，或對覺受做出任何其他的評價。

簡言之，在了然、赤裸的本初智於當下開展爲修持的核心時，便可於此欣然滿足，而不需「更換其外衣或撫平其衣角」。正如諺語所說：「水不攪動即可澄澈，心不造作則能清晰。」安住於本然狀態，不以價值判斷染汙自身，也極爲重要。

③此處指龍欽巴。

不論你認爲自己的設想、造作的見地，以及禪修的狀態有多麼傑出，它們不過是形式相異的耽著罷了。只要這種耽著持續，你仍然是在爲將來的輪迴播下種子，正如薩惹哈尊者所唱的：

不論何耽著，皆應予放下。
若具此洞察，萬法皆然矣。
如此之洞察，無有更勝者。

他也唱到：

一小片瘡口，
迅即成劇痛。

因此，保持心不造作，至關重要。

隨著各種善與不善的念頭呈現爲心的遊戲，就讓它們保持原狀，不予造作。不要試圖拒斥或迎納、認可或非難。如此順其自然，一切都有助於原始本初智的顯露。爲了讓本初智得以顯露，就必須領受勝義傳續本初智的了悟境界，因此必須領受上師的加持。而領受如此的加持，盡然端看弟子的信心和虔敬，故當將此開示謹記於心。

此爲老維嘉雅所說。

大圓滿的修持要點

雪謙・嘉察・貝瑪・南嘉

自在遊方者

禮敬第二佛桑耶巴・袞千・阿里・汪波①。

於此，我將依大圓滿法而簡略說明修持的要點。

首先，在安適的座墊上，以放鬆、舒服的方式採取毗盧遮那七支坐。由於眼睛是智慧的顯現之門，因此要張大雙眼直視前方虛空，而沒有特定的專注所緣。至於語的要點，要讓呼吸自然流暢，且不經鼻子，而是以嘴巴十分輕緩地呼吸。這些要點都有其各自的理由，因此切莫忽視或認爲不重要。

接著，培養出離心、厭離心、慈悲心及菩提心。之後，觀想根本上師在自己的頂門上，以一般的形象和穿著樣貌出現。帶著滿溢淚水的虔敬向上師祈請，而非僅用文字或陳腔濫調，如此甚深道的了悟將能迅速顯露。若要在心中生起大圓滿的了悟，就必須從具有傳承的上師心意領受加持的傳續。此傳續有賴於弟子的虔敬，因此至關重要。務必專心一意地祈請上師，而不涉入太多的念誦或勉強的修持。

之後，根據領受四灌頂的觀想要點，將上師的心與自己的心相融，並保任大樂的內在體性，亦即離於執念的空的明性。

此處，禪修所指的並非培養普基（阿賴耶）那種無心、蒙昧、無記的狀態，也非培養阿賴耶識那種帶著知覺且寧靜的狀態。同樣地，禪修所指的亦非培養無分別覺受的空無狀態，或顯現爲對境的各種念頭。

那麼，禪修是什麼？當過去的念頭已然止息，未來的念頭尚未生

① 「桑耶巴．袞千．阿里．汪波」指龍欽巴。由於龍欽巴曾在中藏的桑耶居住多年，因此被稱為「桑耶巴」。「袞千」的意思是「遍智者」，「阿里．汪波」則為龍欽巴的一般稱呼之一。

起，當下的剎那沒有概念判斷，此時你眞實的本然覺性，那空而明的雙運，將顯露爲心的狀態，有如虛空，這本身即是超越概念的大圓滿，立斷本淨，亦即開廣、赤裸的諸法窮盡。

這正是你要認出的。保任此修持是指，在認出之後單純安住於自然狀態。在任何脈絡中，不論是見、修、行，這正是你要在赤裸狀態中所揭示的。除非你對此有些經驗與了解，否則某一個教誡要你遠離生、住、滅，另一個教誡則說：「這是如此、如此！」帶著這些想法，便只是在無名稱者之上加諸名稱。陷入此等智識設想的泥沼中，你將永遠沒有機會了悟。

法身是超越概念、赤裸且空的覺性，除了僅爲意象之外，無法以描述性的言詞或分析性的智識安立爲具體存在。但是，當上師的加持與自身的禪修力道同時發生時，你將有如孩童發現自身智力般地斬斷錯解。屆時，切莫捨棄你的發現，而要繼續精進修持，這一點甚爲重要。

身爲初學者，如果太過鬆懈，可能會落入無盡的迷妄中，因此必須隨時保持正念。

不論是止靜、動念或注意到念頭，最重要的是在修持時，直視能觀察者的了然覺性。②

如此禪修時，覺性現前的徵兆為念頭、掉舉、煩惱似乎變得甚至比以往更多。此外，也會出現無數形式相異的樂、明、無念三種覺受。但你對此不應抱有希求或恐懼。切莫試著迎納或拒斥，或用任何方法耽著或執取。反之，要在修持的同時，直視能經驗這些的覺性。如此，它們將成為你的朋友。如果你對這些覺受耽著或執取，便只會糾纏於執念中。

如果心變得昏昏欲睡或昏沉呆滯，覺性的明性仍未現前，此時可以在心間觀想一個「阿」字或光點，並從頂門射出，以清除這個狀態。吐

②這句話是以藏文rig所作的文字遊戲，它出現在「能觀察者」(observer，藏文：rig mkhan)、「注意到」(noticing，藏文：rig)、「覺性」(awareness，藏文：rig pa)這三字中。

氣之後暫停一下，觀想「阿」字或光點盤旋在頭頂上方一支箭高之處。

如果過度掉舉，則可以深度放鬆身心，降低視線，並在鼻尖上觀想一個小小的圓點，讓自己穩定下來。

有時，當晴空無雲，也可以背對太陽坐下，將視線朝向天空的中央，輕緩呼吸，並在每次吐氣之後稍微閉氣。藉此，開廣、赤裸的覺空法身將於剎那中在內心顯現。此三虛空了悟，乃是最爲甚深的教誡。

其他時候，你可以身採毗盧遮那七支坐，自然呼吸，讓心遠離念頭。之後，背躺下，伸展四肢，眼睛望向天空。大喊三次「阿」，同時呼氣。之後，讓心保持在自然狀態。藉此，將能了悟無分別的法性。

此外，當你身採毗盧遮那七支坐而於本然中休息時，不要逗留在所知（對境），而是全然敞開且自在輕鬆地凝視，安住於空性中，超越內、外和內外之間。藉此，將能了悟如虛空的空性。

再者，不要逗留於空性中，而是安住於無所執取、自知自明的感知中。如此一來，將能了悟毫無實質、毫無執念的感知。

再者，將注意力放在從覺性明性中生起的念頭活動，你將了悟念頭有如波浪融於海水，無所緣且無執念地解脫。

上述教誡皆為甚深的法門，可以立即帶來個人的覺受。藉此，你將於內在獲得定解。

簡言之，先前所提到的本自覺性禪修，包括諸法窮盡的本淨了悟；善與惡、過患與善德的超越；證得與清除、變異與更動的不具；超越二元概念的智慧；中觀、大手印或大圓滿等究竟的了悟，本身於三時之中皆具，而這正是你應該認出的。

這麼做的同時，不要刻意專注，也不要散漫放蕩。而是要如平穩的河流，保任無造作的本然瑜伽。這是修持的精要。

此時，不論發生什麼，包括六種認知、與五毒相關的念頭，或短暫覺受的波動，一切都顯現為覺性、菩提心的展現。它們在顯現上是平等的，一樣都是空性，既同等眞實、也同等虛假。它們全都無異於覺性的幻現，因此，不要加以否定或肯定、迎納或拒斥、耽著或執取為應捨棄或應對治的事物。反之，要離於執念且敞開放鬆，而處於能覺受者之覺性的了然狀態。務必要讓所生起的一切自然解脫，以藉此鍛鍊你的了悟力。

此處，「奢摩他」一詞指的是止靜的面向，而「毗婆舍那」一詞指的是直接了悟敞開覺性和空性的面向。兩者儘管名稱不同，但實際上是不可分的。

經由了悟覺性的體性爲空，而遠離「常見」之邊；經由看見自性爲明性，而解脫「斷見」之邊。經由不再希求培養樂、明、無念的覺受，而從三界的狀態中解脫。經由摧毀對對治法的執念，自性中即不再留有垢染或過失。

別期望自己在陷入心造作的設想泥沼中時，未來還能獲得菩提；反之，要將此時此刻、內在即具的三身作爲修道。這本身即是大圓滿的特有功德。對了悟此點的修行者來說，不論身在何處，安樂的太陽都能由內在放射光芒。

障礙與歧途都來自希望和恐懼，也來自耽著和執取事物爲實。因此，要避免執取任何事物，這一點至關緊要。

不論你的覺受爲何，包括身體生病、心中痛楚、「眞的」有煩惱、耽著和執取、迎納或拒斥，都要認出、祈請上師，並領受加持。對於迎納或拒斥的心，不能只是粗略地了解，而要詳細地審視及追蹤：它從何處生起？住於何處？又去往何處？

如此一來，你將發現它並非任何存在，也不住於任何地方。於是，你絕無可能不經驗到超越能知、所知而無法言說的本初智。那是法身，亦即赤裸而能覺的空性。當此覺受生起時，要確實保任這個狀態，則所有的障礙與歧途都將自然解脫。

對上師的虔敬，是一切增上修持之王，因此，要捨棄將他視爲凡夫的想法。千萬不要讓自己與視師爲佛的虔敬分離。

此外，若能輪替觀修無常、悲心、生起次第、有相和無相的圓滿次第，它們將彼此增益，這是最有效的方式。

每一座修結束時，絕對不要忘記迴向。

至於座修之間，則絕對不要忘記視一切現象如幻的修持。夜間，要修持睡夢瑜伽。在即將入睡時，祈請自己能體驗到睡夢光明。之後，將上師與你的心融合，保持覺性的了然狀態。同時，不要受到任何其他念頭的干擾，進而入睡。

此外，還有需要了解的其他要點。除非能抉擇見地，否則將無法摧毀耽著於能知與所知概念、視其爲眞實的繫縛。務必要在禪修狀態中，抉擇一切現象爲無實、普遍、任運、獨一③。

除非能保任持續的禪修，否則將無法達至關鍵的要點。單單設想見地爲如何如何，是不足的。要精進不懈地恆時禪修，此事不可或缺。

除非能分辨善惡的行止，否則將有可能落入認爲善惡皆空以致盡造惡法的歧途。重點是要持續感受到萬法有如幻相，並深信因果不虛，而藉此令後得位的所作所爲都轉變爲善行。

如果分離了方便與智慧，將永遠無法脫離繫縛。務必要步上令勝者們歡喜的大道，也就是空性與悲心雙運、福德與智慧二資糧雙運的大道。

這些是極重大的要點，因此，應銘記在心，如下：

除非心中生起無常與厭離，
否則此生看似修行之事務，
絕難讓人眞實成就神聖法。
願於內在生起眞實出離心。
除非修持悲心、殊勝菩提心，
否則處於耽著自利之黯昧，
絕難令此殊勝大乘道照耀。
願能修持眞實尊貴菩提心。

③這是大圓滿修持中聞名的四種誓言。

儘管尚未達至聖者之境界，
我卻造作看似利益他人行。
彼等未利他人實則束縛己。
願能於寂靜處精進作修持，
不以散漫忙碌而愚弄自己。
方便智慧分離將如斷腿者，
無力行於遍智諸道地之旅。
融合空悲、生圓、二資糧之時，
願能步上毫無錯謬之道途。
若未領受具傳承師之加持，
即使勤修亦難了悟本然狀。
藉由圓滿虔敬之因緣和合，
願獲傳續了悟傳承之無上灌頂。
離言之大圓滿即光明本覺，

乃爲自始任運之三身五智。
憑藉自在安住本然之教誡，
願於諸法窮盡地獲得穩固。
若是利益眾生時機成熟時，
願披永不疲厭之利他盔甲。
願我能由輪迴存有大河中，
獨自救度吾人無量之母親。

此爲利益初學者之口訣教誡，乃由瑜伽士揚巴．洛爹（Yanpa Lodey，意爲「自在遊方者」④）爲友人嘎瑪里所寫。

止筆於此！嘻啼（ITHI）！

---

④「自在遊方者」為雪謙．嘉察的另一個筆名。

4

雙運

自然解脫一切所遇

堪布岡夏❶

甚深道之導引教誡

我以自知自明的虔敬而禮敬上師金剛持。

所謂具器弟子，是指發願要修持甚深祕密金剛乘中至爲甚深的法門者，而此甚深法門，乃一切無上瑜伽續的精要口訣教誡，或無勤作阿底瑜伽了悟自性的精要口訣教誡。爲了滿足此等弟子的需求，應該教導以下三點：

1. 修心的前行。
2. 修持的正行。

3. 如何將甚深教言融入關鍵要點的後續運用。

前行

前行分為兩個部分：共通的前行，以及代表此特定修道獨有功德的不共前行。

共通前行

首先，應依據共通教誡修持下列次第：

皈依，這是此修道與邪誤道之間的差異。

❶ 堪布岡夏．汪波（1925－不詳），聞名的「瘋智」上師，屬於雪謙寺傳承。他是邱陽．創巴仁波切和創古仁波切的根本上師，也是德松仁波切的上師之一。參見書末簡介。

發菩提心，能讓人從下劣諸道向上提升。

觀修及持誦金剛薩埵，能淨化阻撓皈依和菩提心於相續中顯露的惡行、遮障和逆緣。

供養曼達，是積聚二資糧此善緣的方法。

修持上師瑜伽，此爲加持的根源，也是讓覺受與了悟之不共功德在相續中迅速生起的方法。

不共前行

接下來是不共前行，根據此教導體系，而稱爲班智達的分析式禪修。安樂爲善行之果，痛苦爲惡行之果，這是恆久不變的事實。因此，必須首先認識何者爲善、何者爲惡。爲此，就必須在身、語、意中，決定哪個是最重要的。而要做這個決定，則必須了解身、語、意的所指。身是自己的肉體，爲利益和傷害的所依。語是發出聲音和話語。意是可以進行種種思考和憶念者，包括感受到喜歡或不喜歡者，以及在不同片刻顯示出喜悅和哀傷等不同表述者。這是身、語、意的大略說明。

在造作善惡之行時，必須自問：「身是主要的嗎？語是根本的嗎？或者，意才是最重要的呢？」有些人的回答是身，有些人的回答是語，有些人則說意是最主要的層面。不論如何，宣稱身或語是最重要的人，尚未眞正深入這項檢視的核心。

心，是最重要的。理由是，除非你的心想要這麼做，否則你的身不可能造作任何善或惡，你的語也無法表達任何善或惡。因此，心是最主要的因素。正如經典所說：

心如統御一切之王；
身爲善惡諸行之僕。

如此，你的心有如國王，而身和語是心的僕人。

舉例來說，當你對敵人產生憤怒時，你必須檢視，主要的因素是你的心或是敵人。同樣地，當你對朋友產生貪戀時，也必須檢視，主要的因素是你的心或是朋友。如此檢視之後，你必須承認，雖然朋友和敵人是貪心和瞋心生起的緣境，但眞正的起因來自你的心。因此，你的心是最重要的。

一旦你成爲心的主人，不論是朋友或敵人，都無法爲你帶來利益或傷害。如果不能掌控自己的心，那麼不論前往何處、停留何處，貪心和瞋心都會自動湧現。你必須了解，心是一切悲喜、善惡、貪瞋的根源。

大遍智者龍欽巴曾說：

受曼陀羅❷所影響，
不論有何諸經驗，
實乃無實錯亂相。
同理應知，受迷妄心所影響，

六道眾生，不論有何諸錯亂經歷，
亦皆無實而顯之空相。
既於心中顯且由心造，
故應致力調伏錯亂心。

情況就是如此。不過，你不應該憑藉書中所寫或他人所說來理解。反之，要自己認識到顯相爲心，並了解到心是一切現象的根源。關於這一點，你必須區分顯相（藏文：སྣང་བ，nangwa）和所知對境（藏文：nang-yul）①。若非如此，就會如大遍智者所說：

❷中醫草藥，也是強力的迷幻劑。

①祖古．烏金仁波切如下解釋這兩個語詞：「所知對境」不是心；它受到心的影響。如果沒有緣境，所知對境便不會顯現。外在、內在、中陰的一切「顯相」，不論多麼細微，都是因迷妄心而生起，並非真實存在。在大圓滿中，談到將五色光誤為五種對境的根本錯謬。它們是心的妙力，受到心的影響，但不是心。

無明者說一切皆爲心。
其受三種顯相所迷惑，
具諸過失、混淆且誇大。
修士當捨此等不善法！

所知對境僅爲色、聲等的呈現，是六識中任何一者的對境。依於所知對境而起的貪、瞋、癡念頭，例如對愉悅的對境感到貪著、對不悅的對境感到憤怒、對不好不壞的事物感到漠然等，都是顯相。你必須了解這類顯相是你自心的作用。

由於心，而顯現色、聲等所知對境，它們是有情眾生共同的顯相，除了是依緣所生的現象之外，不具有任何眞實的存在。

現在，你應該檢視這個心的所住之處：從頂上的頭髮到腳上的趾甲；從外層的皮、中間的肉，到其內的骨頭、五官、六識。在探究心的住處時，大部分華人會說它住在頭部。藏人會說它住在心臟。這兩者都無法肯定，因為當你碰觸頭頂時，心似乎會跳到那裡，而當你碰觸腳底時，心似乎又跳到那裡。它沒有固定的地方。它既不住於外在的物體中，也不住於身體的內部，亦不住於其間的虛空裡。你必須對「心無所住之處」獲得定解。

如果你的心有住處，則此住處的外層、內層、中間是什麼？它與入住者是否相同？如果所住處與入住者是相同的，那麼由於外在物體和身體內部會有所增減、變異，則你的心也將以相應的方式產生變化。因此，如果認為它們相同，便不合邏輯。

如果它們不同，那麼此不同的心是否有體性？若是有，那麼它應該至少有形狀和顏色。既然它沒有形狀或顏色，就不是單方的存在。然而，此恆常覺知之王從不止息，所以它亦非單方的不存在。

基於此點，吉祥噶瑪巴．讓炯．多傑說：

並非存在——佛亦未曾見，

並非無有——輪涅萬法基，
並非矛盾——雙運中觀道，
願能證悟離邊心法性。②

關於班智達分析式禪修的前行教誡，至此已講述完畢。

修持的正行

第二部分，修持正行古薩里安住禪修的教導步驟，是以兩點來說明：

1. 經由抉擇的教誡，指出身、語、意的自性。
2. 經由分辨的教誡，逐一指出二元心和覺性。

抉擇

身體坐直，口不言語，嘴巴略開，讓氣息自然流動。不要追尋過去，不要迎向未來。單純地自然安住於當下赤裸的平常心，不要試著糾正或變換。如果能夠這樣安住，自心體性將變得朗然寬廣、鮮活赤裸，且對念頭或回憶、喜悅或痛苦皆不在意。這就是「本覺」。

同時，沒有「那裡有景象和聲音！」之類的念頭。一切事物無礙顯現。也沒有「內在有能知者、六種心識！」之類的念頭。赤裸的覺性朗然、無念，且從不止息。

在這樣的狀態中，身體無有造作且自在寬坦。此即爲一切勝者之身。這是生起次第的精要。

②此偈頌收錄於〈了義大手印祈願文〉。【譯註】感謝資深藏漢譯者敦珠貝瑪南嘉同意引用其譯文。

你的語離於造作，對於聲音之源不作追溯，而只是直接且開放地表述心中所想。從聽聞的那一刻起，它就是周遍的，無生而空的迴響。此即爲一切勝者之語。其乃一切持誦的精要。

讓心安住於無造作的本然中，此時不論生起好壞或樂苦等念頭，對於悲喜毫不在意的自心體性，是朗然而空、赤裸而覺的。此自心體性是一切有情眾生的自性，是三時諸佛的了悟、八萬四千法門的精華，也是無上導師吉祥上師的心要。它是佛陀二轉法輪的般若慧，也是三轉法門的如來藏。根據咒〔乘〕的共通體系，它稱爲基的相續，也就是任成的本有自性壇城。根據無上瑜伽，它稱爲密集金剛、勝樂輪金剛、時輪金剛等。至於在三內續中，根據瑪哈瑜伽，它是二諦至高無別的大法身；根據阿努瑜伽，它是稱作「大樂」之子的菩提心根本壇城；而根據阿底瑜伽，它是覺性與空性的大圓滿。

所有這些著名的表述，指的都是自心體性本身，此外無他。格魯派也提出這樣的觀點，大怙主宗喀巴便曾說過：

顯相乃恆久不虛之緣起，
空性乃超越言說之了知——
只要此二者看似為分離，
便仍未了悟釋迦佛密意。
汝等於對境信念與概念，
若驟然瓦解且無變動時，
彼刻即圓滿見地之分析。

法主札巴．蔣稱❸曾說：「若起耽著，即失見地。」薩迦派的佛法大師們認為該派輪涅無二的見地為了無執念。此外，吉祥噶瑪巴．讓炯．多傑依據無比噶舉大師們的教誡而說：

❸ 傑尊．札巴．蔣稱（Jetsun Drakpa Gyaltsen），薩迦五祖中的三祖，也是薩迦班智達的上師。

智者有言：

萬法皆如水中月，
無有眞實或虛假。
此平常心即法界，乃爲勝者之體性，
故此光明大手印，亦爲了無執念也。

如人所說，印度和西藏所有博學成就的上師，皆具相同的了悟，且沒有誰曾宣稱正行的了證有別於了無執念。這是你應該親自了知，並向他人指出的道理。

指出自己之身、語、意乃是勝者之證悟身、語、意的段落，至此便講述完畢。它與鄔金大師所寫的偈頌意義相同，此偈頌的開始爲：「如是於眼對境所顯現……」③。

分辨

要能分辨心（藏文：sem）和覺性之間的差異，這一點非常重要。

大遍智者說：

現今佯裝了解阿底之大牛，
宣稱散漫之念即爲覺醒心。
此等無明之眾於闇界，
乃爲遠離大圓滿之義。

③此為《七品祈請文》中的名句。【譯註】全文：「如是於眼對境所顯現，外內情器一切實事法，當住顯而無有我執境，能所清淨明空天尊身（能所：能取心、所取境），貪欲自解脫之上師前祈請。如是於耳對境所聞聲，所執悅不悅耳諸音聲，當住聲空雙運超思境，聲空無生無滅勝者語，祈請聲空雙運勝者語。如是於意對境所起伏，任現煩惱五毒分別念，不落預設追憶造作心，動念當即放下法身解（於法身之中解脫），本覺自解脫之上師前祈請。外在所執境顯本清淨，內在能執之心本性解，其中識得光明本面目，三時善逝諸佛大悲心，加持如我自心得解脫。」此蓮師祈請文出自《禱文七品雷敦瑪》第四品南開寧波請問品之最末。感謝資深藏漢譯者敦珠貝瑪南嘉同意引用其譯文。

如果無法分辨心和覺性，便可能造下混淆因果的行為，並因而背離見地與行為雙運之道。

在經驗到持續而無散亂的本然狀態時，覺性將有如虛空而離於任何所緣；於此之中，不論值遇善惡境況，它連一丁點喜悅或悲傷、希望或恐懼、利益或傷害都不會有。

如果稍有分心，且遇到令你生起快樂或悲傷的狀況，那一刻，心的特性便清晰可見。若生起了快樂或悲傷，便將累積業。

舉例來說，心有如在天空中聚集的雲朵。因此，你必須獲得穩固的覺性，如無雲晴空。你必須淨化有如空中雲朵的心的層面。如此，你將能夠分辨心和覺性。

甚深建言

第三部分，闡述甚深教言後續的應用，基於直接揭示的自解脫口訣。

若保持在無散亂的本然狀態中，便完全不可能累積業，且已斬斷後續累積業的續流。雖然不會累積新的業，但不要認爲自己不會有善惡的經驗，因爲過去的業仍會成熟。也就是，除非透過懺悔、淨化等來清淨過去累積的業，否則那些業行肯定會成熟。業仍有可能成熟。

業的成熟會顯現在你的身或心，而非他處。當它在身上成熟時，你會生病。當它在心裡成熟時，你會感到喜樂或悲傷，也會生起六種煩惱的念頭。如此發生時，若能擁有取病苦爲道用、取悲喜爲道用、取煩惱爲道用等口訣，便非常重要。然而，僅僅安住於本然狀態，這些應用的精要便已足夠發揮作用。

如果遭逢好的境遇就快樂、遭逢不好的境遇就悲傷，如果在感到快樂時沉浸於快樂中、感到悲傷時沉浸於悲傷中，便將累積無量的業。因此，不論在好壞境遇中出現快樂或悲傷的念頭，都必須立刻認出。

認出念頭之後，便應該安住於本然狀態。看著那感到快樂或悲傷者，不要壓抑某個感受或激起某個感受。毫不關注悲喜、朗然、空而赤裸的自心體性，將自在地成爲覺性的本有狀態。

此外，當你生病時，不要沉浸於疾病中，而要安住於本然狀態。直視疼痛感受本身。如此安住時，雖然疼痛不會停止，但你將直接了悟覺性的本有狀態，而它離於何處在痛、何者在痛、如何疼痛，以及能痛和所痛的任何念頭。此時，疾病不再那麼劇烈，且多少變得較不顯著。

擁有某種煩惱的人，也會擁有其他煩惱。但由於個別差異，有些人較爲瞋怒，有些人較爲吝嗇，有些人較爲愚癡，有些人較爲貪愛，有些人較爲嫉妒，有些人則較爲傲慢。因此，也有不同的佛部：

瞋怒的煩惱，是因不悅對境引起痛苦感受所致的焦慮不安心態。

吝嗇是對某個誘人對境懷有緊抓不放、欲求擁有的耽著，因此無法將它給予別人。

愚癡有如黑暗。這是一切惡的根源，由於不認識一己的體性，因而也遮蔽事物的眞實自性。

貪愛是接納、渴望與執著聲、色等悅意事物。特別以對男女交媾的性欲爲主要的貪愛。

嫉妒是拒斥而不認可地位高於自己或等同自己之人的善德。

傲慢是在宗教或世俗事務上，認爲別人較自己低劣，並感到自己更爲優秀。

這六種煩惱是六道眾生的存有之因，例如因極大瞋怒而投生地獄道。

不論生起這六種之中的哪一種，都必須立刻認出。認出之時，不排斥、不接納，而只是安住於本然狀態，直視那個特定煩惱。在那一刻，它將自行解脫，而稱爲大圓鏡智等。在惹那・林巴的《第二寶藏》（*Second Treasury*）中，便有一首道歌如此說到：

瞋怒心的體性爲朗然覺性，
在認出的當下，光明而空。

此自性稱爲大圓鏡智。
年輕女子啊，且讓我等安住於本然狀態。
愚癡心的體性爲朗然本覺，
在直視本貌的當下，開廣而覺。
此至要自性稱爲法界體性智。
年輕女子啊，且讓我等安住於本然狀態。
傲慢心的體性爲本覺開顯，
在安住而直視本貌的當下，自然而空。
此狀態稱爲平等性智。
年輕女子啊，且讓我等安住於本然狀態。
貪愛心的體性無疑爲執著，
在保任而不耽著的當下，此空樂狀態，
此自性稱爲妙觀察智。
年輕女子啊，且讓我等安住於本然狀態。

情況便是如此。

然而，如果你將煩惱視爲過失而排斥，或許可以暫時壓抑，但卻無法從根斬除。結果，到了某個時刻，餘毒將如世間禪定的狀態而再次浮現。另一方面，如果將煩惱視爲空性，你的修持即成了「取空性爲道用」，而非取煩惱爲道用。如此一來，你的修持便不會成爲迅捷之道，而後者乃咒〔乘〕的不共功德。再一方面，如果沉浸於煩惱中，認爲它們是具體的存在，就好比服用毒草，並如同凡俗之人的交媾般而成爲將你繫縛於輪迴之因。

基於上述理由，正如從毒草中可萃取毒素並作爲藥材，此教誡的不共功德在於，任何可能生起的煩惱，當你於本然狀態中放鬆時，都是智慧。要直視，而不要刻意排斥、將它視爲過失，執以爲實而沉浸其中，或將它視爲善德。

除此之外，如果你對方便道的教導等直指教誡體系想要多加了解，則必須從上師處獲得口訣而詳細學習。

取中陰爲道用

當你用手指壓住耳朵或眼睛，會自然聽見迴響或看見色彩和光亮。要長久地自然安住，並逐漸習慣並不存在於內、外或內外之間等任何地方而盡然爲空的色法顯相。由於在死亡的時候，除了上述顯相之外便無其他，你將能認出這些聲音、色彩和光亮爲你的自顯，並且彷彿值遇熟識或子入母懷般而解脫。

此教法相應於日光中的黑暗教誡要點，以及修持頓超任成現前層面的黑暗教誡要點。另外，也有依據白天太陽升落之光而修持的體系，以及依據夜間月光、燈光、燭光而修持的體系。

取睡眠爲道用

不要仰賴在夢中進行幻化或轉變等心意勤作，而要在無散亂的本然狀態中入睡。屆時，你可能陷入無夢的深沉睡眠中。一旦甦醒，便能處於本然狀態的鮮活朗然中。這稱爲深沉睡眠的光明。

也有可能完全無法入睡，而是保持覺知，鮮活朗然。或者睡著時，雖然有各種夢境發生，但隔日早晨在醒來的那一刻，已經完全不記得那些夢境。此乃夢境淨化的開始。對於上上根器且精進修持的人來說，據說夢境是因遺忘而止息。對於中等根器的人來說，夢境是由認出而止息。對於下等根器的人來說，夢境則藉經歷殊勝的夢境而止息。所有經部、續部、釋論皆一致同意，最終必須淨化夢境。

頗瓦法修持的額外要點，則應從其他來源學習。此處的教導只是教誡基本要點的濃縮。

取自一切勝者及勝子的了悟核心，
乃新舊續部甚深要點的根本建言，
吾人節錄了甚深口訣的鮮活精要，
並以簡單扼要的方式寫下。

依據教導，在這種時期裡，
難以藉勤作乘門調伏眾生，
而將出現心無勤作的教導。
藉此時代之勢④，若能修持這些要點，
其乃爲易運用且無過失的教導。
基於吾人見到諸多的緣由，
且有多位傑出者向我請求，
來自雪謙的堪布岡夏汪波，
捨棄精心詩句和冗長表述，
以聽者歡喜且易於理解的方式，
順其自然而自在寫下。
以此善德，祈願無量眾生，
戰勝滿懷陳腔濫調的非人，
洋溢深義精要的莊嚴光彩，

並歡慶新的黃金時代來臨。

薩瓦　達卡拉樣南　巴瓦度（SARVA DAKALAYANAM BHAVANTU）。

④「此時代」指的是一九五〇年代中共入侵西藏。這些教法乃特別針對即將來臨的困境而給予。

策勒・那措・讓卓

明

策勒・那措・讓卓

直指無垢禪修之基的教誡

卓越持明者勉巴・恭謙（Menpa Gomchen）曾告訴我，由於我在著作中一再使用「明」（藏文：གསལ་བ，salwa）一詞，因此必須釐清它的確實意義。爲此，我現在便說明它的內涵。

一切有情眾生之所以生起迷亂且流轉輪迴，其因緣在於他們一開始未能認識到，從普基現起的明分「顯相」乃是「本自妙力」（藏文：རང་གདངས，rangdang），反而將它視爲分離的對境。有關於此，我在大手印和大圓滿筆記，便已開宗明義說明眾生如何因此執著於自他分離等而陷入迷妄的道理①。

那麼，在修持法道的同時，所有內外感知都是由此不滅的「明」生起的，它是無形而空的心之體性的本自妙力。換言之，六種感官的對境，也就是外在的色、聲、香、味、觸，無一例外，都是這個「明」的特質。內在的視、聽、嗅、嚐、肢體和心意感覺，以及相應的喜歡和厭惡，也無一例外，都是這個「明」。因此，所有外在和內在事物，無一例外，都是自心「明性」的顯現。

有了這個信念之後，那麼，如果沒有這個「明性」，就沒有迷妄，以致沒有輪迴流轉、沒有要應用的修行，也沒有修行者、沒有修行的結果，最後，免不了會落入空無的斷邊。因此，所有勝劣法乘的修持都說明了如何在個人經驗中，特別是在禪修的修持方面，要如何應用此「明性」。

此外，現在有些禪修者，未經具德上師的納受，以致從未領受過眞實的教誡，他們認爲心之「明性」的顯現並非禪修，故而試圖壓抑。因此，許多人設想禪修不過是無念的狀態。有了這種設想之後，他們的禪修變成麻木的寂止，因而絕不會成爲大手印或大圓滿。這肯定不是證悟之道。

很顯然地，在最終了悟佛果時，般若、慈心、證悟事業、悲心等一切功德，也都是「明」的力量和效應。所以，若是如今在修道上就壓抑「明」，則般若和慈心等如何在後來證果時顯現呢？因此，取「明」爲道用是修持的根本，理由便如上述。

那麼，要如何取「明」爲道用呢？不論你有什麼念頭或感知，都不

---

①策勒·那措·讓卓（1608-不詳）是《正念明鏡》（*The Mirror of Mindfulness*）、《大手印之燈》（*Lamp of Mahamudra*）和《日圓》（*Circle of the Sun*）的作者。【譯註】又稱策勒·貝瑪·列竹（Tsele Pema Lekdrub）或怙主果倉巴·那措·讓卓（Kongpo Gotsanpa Natsok Rangdrol），乃大譯師毗盧遮那的身化身，頂果欽哲法王於《大手印之燈》的序言中讚嘆其在學識、德行與聖意這三種功德上無人能出其右，學問與成就已達至雪域諸多大師的巔峰。參見書末簡介。

要將它執以爲實，並且不要追隨。不要試著阻擋。此外，不要試著做任何其他事，包括運用對治法或者變換專注點。只要認出「自明」（藏文：རང་རིག，rangrig），讓念頭或感知自行消散。任隨它，讓它前往它想去的地方。

在不偏離此鮮活的平常心時，不論發生什麼，只要避免對善或惡、迎納或拒斥有執念，本身即已足夠。這就是自知自明之本覺的修持。簡言之，你此刻的念頭本身就是「明」。於你內在，那個單純了知、憶念或注意者，稱爲正念、本覺、深觀或勝觀。所有不同佛法體系都一致同意，只要像這樣修持，即足以爲禪修。

不論你可能達到看似更爲殊勝的禪修狀態，例如止靜或大樂、明晰或無念，不過都是造作。由於那並非無生起、無造作的平常心，故而不是無垢的禪修。因此，你必須對此要點取得定解。請善加瞭解。

見地與禪修

蔣貢・工珠（Jamgon Kongtrul）

禮敬上師！

見地與禪修可用許多方式說明，
但保任心的體性便已涵蓋全部。
你的心不在他處；
而只是當下之念。

切莫要追逐念頭，
單純地直視體性。
其中並沒有能觀、所觀之二元。

其為空——非具體物。
其為明——自知自覺。
二者並非分離，乃為合一。
雖然空無一物，卻能體驗萬物。
應當單純認出此！

藉由相續正念，持守此一認出。
只要修習此點，此外無可修習。
讓它自然安住。
不要加以竄改或憂慮對錯，以免破壞它。
法身究竟光明，即是此無造作的平常心。
儘管有眾多的大手印和大圓滿法教語詞，
但修持的根本，盡數都在這裡。

若於他處想要尋覓較此更佳者——
較此更殊勝之「佛」，
則會受到希懼所綑綁——因此應當捨棄！

若想通達了證此教法，
至要者乃虔敬與積聚資糧。
對於上師鄔金怙主尊，
應當恆常專注作虔敬，
身、語、意皆行善法。

願吉祥。

中陰聽聞解脫

蓮花生大士傳法
秋吉．林巴取藏

取自六種無修成佛妙法之中陰偈頌

我將於此講述讓臨終者聽聞解脫的甚深要義。在三種中陰裡，第一種是死亡中陰：

具緣之善男子，且以正念、無散亂地專注聆聽。於此世間出現的一切，皆爲魔羅的幻術。凡是無常的，最終都將消亡。善男子，要捨棄痛苦！

白相、紅相、黑相的經驗，都是你自心的幻現。這些顯現，無非都是你自己。不要害怕或驚慌。

你如今看來正在失去意識。外在的顯現有如破曉的天空。內在的經驗有如瓶中的油燈。專注保持在無念的明性中。此死亡的光明即是佛意的本身。要自然安住，對於任何事物毫不造作、也不扭曲。如此，善男子，你將於法身中解脫。

以愉悅、清晰的方式給予這個建言。上上根器者將由此解脫。第二種是法性中陰：

具緣之善男子，且以無散亂、專注的正念聆聽。稍早，你未能認出覺性。在接下來的七天裡，所有覺受都將以彩虹、光明、光芒、明點及本尊相生起。這一切都是五方佛方便和智慧的幻現。不要因耀眼的色彩和光明而感到害怕或恐懼。要抉擇這些都是你自己的妙力。

在這些光明生起的同時，暗色的光明也會出現，勾招你的心。不要受它們吸引。它們是五毒的自顯，也是輪迴的路徑。你的覺受將生起爲清淨和不淨的道路，因此，不要錯失應揀擇的正道。

從五方佛父、佛母的心輪中，放出許多光明射向你的雙眼。這是直達金剛薩埵的勝妙之道。要寧靜地安住於覺性中，並祈禱：「請以悲心眷顧我！」如此地殷切祈請。無須迎納或拒斥，也不送走或抓住任何事物，保持在你與本尊顯現無二無別的狀態中。此時，隨著本尊一一融入，你將於報身中解脫。

諦聽，具緣者！如果你現在尚未解脫，應了知現象雖然會改變，但時間卻不會改變。四方四隅、上方下方的各處，在一團風嘯雨嚎的火焰和虹光中，有吉祥嘿魯嘎本尊。祂的眷屬和駭人僕從如雨降下鋒利的武器、種子字吽和呸，以及笑聲。這般巨大多樣的猛烈景象震動了三千大千世界。

不要害怕或恐懼，而要認出這一切都是你覺性的妙力。如此堅定相信，且在與本然狀態無別相融中安住。由於已然入道，你將解脫。

如此，中等根器者將獲得解脫。第三，當亡者在投生中陰時，要這麼告訴他：

諦聽，善男子。且保持正念，不要分心。你的身現在是由風和心組成。周圍會生起投生中陰的顯相。要知道，你已經死亡，而你想要活著。你被死主兇猛的僕從逮住。可怖的聲響和陡峭的峽谷顯現，伴隨著許多明確和模糊的徵兆。所有這一切，都是自心的顯現，它究竟爲空，有如天空。虛空無法爲虛空所傷害。對此，要生起絕對的把握。

這個加持過的燒施物質，是取之不竭的盛宴，也是無垢的聽聞解脫之食。且加以受用，勿執著要活著，轉而懇切渴仰你的本尊和上師。

此處的西方，是怙主阿彌陀佛所在的極樂剎土。只要憶念祂的聖名，便可以投生該處。你也一樣，要憶念祂的聖名並祈請。生起虔敬，想著：「請眷顧我，觀世音和蓮師尊！」心中毫不懷疑，以任運的金剛躍而前往。你將迅速化生於該剎土的蓮花花苞中。因此，善男子，要以歡欣喜悅之情而生起虔敬。

下下根器者將能因此解脫。若未解脫，接下來是通過投生之門的解脫方法：

諦聽，善男子。由於你並未關閉胎門，當你看見木塊、中空的空間、黑暗的處所、森林或皇宮時，要捨棄貪欲和耽著。

下定決心要投生在世間，特別是西藏①，而且是在上師跟前。

觀想你來生的父母具有信仰，且爲蓮師和佛母。捨棄貪瞋，具足信心而進入等持狀態。在成爲甚深法器之後，你將迅速獲得智慧。

透過這些逐步的教誡，不論亡者根器多麼低劣，必定能於七世之中解脫。

①現今，此發願則必須引導亡者前往任何有金剛乘教法的地方。【譯註】世間，指的是地球，而地球被視為佛教宇宙觀四大部洲之中的南贍部洲，且為其中唯一有佛法傳揚之處。

以迴向和發願作爲結行，並安住於一切現象清淨自性的本然狀態中。像這樣極爲甚深的教誡不需透過修習，而是經由聽聞而解脫。

此教法節錄自《秋林新巖藏》第一函〈口訣精要導引〉。

蓮花生大士

勝義離戲懺悔

蓮花生大士傳法
秋吉．林巴取藏

阿！
法界本來無造作，
視為善惡等二元，乃甚謬誤！
賦予事物諸性相，乃甚迷妄！
我於離造作之大樂廣界中懺悔。

普賢如來無善亦無惡。
視為善惡等二元，乃甚疲累！
執持其為淨不淨，乃甚可悲。
我於離善惡好壞之廣界中懺悔。

菩提心乃無生亦無死。
視為現在或未來，乃甚疲累！
執持其為生或死，乃甚迷妄！
我於不變易之無死廣界中懺悔。

廣大明點無邊亦無隅。
視為具形色物質，乃甚疲累！
執為邊隅之二元，乃甚迷妄！
我於恆為圓之廣大明點中懺悔。

境界於三時中恆不變，
視為有始且有終，乃甚疲累！
執為轉異變化之二元，乃甚迷妄！
我於不變易之廣大明點中懺悔。

本有智慧非可尋得者。
視為因果之二元，乃甚疲累！
執為勤作得證之二元，乃甚迷妄！
我於無勤作之本有廣界中懺悔。

覺性智慧無有常和斷。
視為常斷之二元，乃甚疲累！
執為存有或不存，乃甚迷妄！
我於離常斷之智慧虛空中懺悔。

清淨法界無中亦無邊。
加諸中邊偏狹或消融，乃甚疲累！
宣稱其具中央或邊角，乃甚迷妄！
我於離中邊之清淨法界中懺悔。

越量天宮無外亦無內。
視為具有外和內，乃甚疲累！
執為廣狹之二元，乃甚迷妄！
我於離廣狹外內之虛空中懺悔。

母之虛空無高亦無低。
視為上下之二元，乃甚疲累！
執為高低之二元，乃甚迷惑！
我於離廣狹之婆伽密處中懺悔。❶

❶婆伽（梵文：bhaga，音譯）：密處、蓮宮。參見法護居士所譯《道次第·智慧藏》註腳215：工珠仁波切之《喜金剛本續疏》說字面上之義為「女陰」及「壞」義，密典之解釋向來不單純只依文字表面望文生義，如本論前即先說六際四理可證，婆伽詞根加梵 vat 即成薄伽梵（出有壞），喇嘛唐巴《喜金剛續王廣疏·日光》中說「壞」煩惱連同習氣，出生一切如來，為諸如來法源之因，故稱「婆伽」，同義詞有法源、手印、空界，所表義為大樂俱生處，其形三角，表三身、三解脫門。

法身無分亦無別。
視為對境和有境，乃甚疲累！
執為情器之二元，乃甚迷妄！
我於不二智慧虛空中懺悔。

所作所受無非為父之妙力。
視為個別之念頭，乃甚疲累！
加諸名稱而錯解，乃甚迷妄！
我於此妙力離執念之虛空中懺悔。

覺性智慧未由內生起。
此無明與迷妄心，乃甚悲哀！
其視無形色法為具體且有性相。
我於智慧本然虛空中發露懺悔。

尚未了悟無生之自性，
錯亂者之心乃甚可憐！
無生現象執為自和我。
我於大樂無生虛空中發露懺悔。

心若不明法性之自性，
便不了知顯有乃如幻，
故於物質財富起執著，
我於無生離貪法性中懺悔。

若未理解輪迴無自性，
現象執為實質、性相且恆常，
且因不善業而執性相。
我於無過患之證悟虛空中發露懺悔。

未悟平等自性為平等，
迷妄友伴執以為恆常，
無明者之心乃甚謬誤。
我於平等性之虛空中發露懺悔。

未能面謁法性真實之自性，
棄離真實自性致力行不善。
捨佛語受世間瑣事所矇騙。
我於大樂法性虛空中發露懺悔。

覺性智慧未自行解脫，
捨棄自明自性致力於散亂。
如此無義有情眾乃甚可悲！
我於離遠近之虛空中發露懺悔。

智慧尊與具三昧耶護法眾，
如理持守三昧耶此瑜伽士，
若因未能了悟見地而迷妄，
我以深切懊悔發露作懺悔。

此懺悔文節錄自大成就伏藏法本《甘露海》。

伊喜・措嘉

伊喜．措嘉祈願文

蓮花生大士傳法

貝瑪．勒哲．匝❶（Pema Ledrel Tsal）取藏

欸瑪吙！

願以三時所積聚福德，
平息魔羅、障礙、違緣力。
祈願我等無病且長壽，
安樂富足而修持佛法。
願以虔敬修持佛法力，
令佛教法廣傳且興盛。

❶蓮師於八世紀時，將《空行心滴》（*Khandro Nyingtik*）交付給貝瑪薩（蓮花明）公主，其轉世為伏藏師貝瑪．勒哲．匝。參見書末簡介。

安置有情眾於安樂中，
聖上師眾所願皆實現。

願我等因上師之慈愛，
一切法友兄弟姐妹們，
遠離瞋恨貪執之煩惱。
具淨戒之三律儀光輝，
覺受證悟諸功德增長。
願以了悟大手印智慧，
利益所值遇之一切眾。
願我等與所有追隨者，

皆能受用無緣之大樂，

受引導至蓮花莊嚴剎。
於彼無上神聖大樂界，
願與鄔金貝瑪合為一，
其乃三身上師無垢勝利身，
並且了悟自利之法身。
願能藉由利他之悲心，
從今直至輪迴空盡時，

教化眾生應機作調伏。
願藉色身化現致力饒益眾。
攪動輪迴深處成辦眾生利。
三身無別輪涅全解脫，
無造、任成、光明、非和合，
三時不變金剛持之身，

願速獲證此遍智與圓滿之正覺。

此祈願文爲伊喜．措嘉所說，取自《空行心滴》。

人物簡介

秋吉．林巴（CHOKGYUR LINGPA，1829-1870）：與蔣揚．欽哲．汪波和蔣貢．工珠同時代的伏藏師。他被認爲是西藏史上主要的伏藏師之一，所取出的伏藏在噶舉派和寧瑪派中被廣爲修持。如欲了解詳情，請參閱尼泊爾自生智出版社（Rangjung Yeshe Publications）一九八八年發行的《秋吉．林巴的生平與教導》（*The Life and Teachings of Chokgyur Lingpa*，暫譯）。

敦珠．林巴（DUDJOM LINGPA，1835-1904）：偉大的大師與伏藏師，所取出的伏藏多達二十函。他被認爲是蓮師二十五大弟子之一且瓊譯師的轉世。請參閱尼泊爾自生智出版社二〇一一年發行的《明鏡》（*A Clear Mirror*，暫譯）。

敦珠仁波切（DUDJOM RINPOCHE，1904-1987）：敦珠．林巴的轉世。被認爲是當代最卓越的學者及了悟大師之一。

岡波巴（GAMPOPA，1079-1153）：密勒日巴的首要弟子，擁有殊勝的了證及至高的學識。著作無數，其中包括《解脫莊嚴寶論》。

蓮花生大士（GURU RINPOCHE，簡稱：蓮師）：九世紀從蓮花中誕生的續法大師，在藏王赤松德贊的迎請下，於西藏開創了金剛乘佛教。他在西藏、尼泊爾、不丹各處隱藏了無數的伏藏，以待數百年後由具緣弟子發掘出來。又名貝瑪桑巴瓦（Padmasambhava）或貝瑪卡惹（Padmakara）①。

---

①兩個名稱皆為「出生於蓮花」的意思。

蔣貢·工珠（JAMGON KONGTRUL，1813-1899）：十九世紀不分教派「利美」運動的先驅。以身爲具有成就的上師、學者及作家聞名於世，撰寫的著作超過一百函，其中最有名的是《五寶藏》以及六十三函的《大寶伏藏》，後者爲百位大伏藏師的伏藏法合集。又名羅卓·泰耶，伏藏師名爲奇美·永忠·林巴（Chimey Yungdrung Lingpa）。

蔣揚·欽哲·汪波（JAMYANG KHYENTSE WANGPO，1820-1892）：五大伏藏師中的最後一位，被認爲是無垢友尊者與藏王赤松德贊的合一轉世。他成爲西藏所有佛法教派的共同上師與導師，並且是不分教派「利美」運動的創始人。除了發掘的伏藏之外，尚有十函著作。

噶瑪巴·讓炯·多傑（KARMAPA RANGJUNG DORJE，1284-1334）：「噶瑪巴」稱號的第三位持有者，並且是偉大的成就者、學者。由於極力宣揚大手印與大圓滿教法，也被視爲寧瑪教派的傳承上師之一。

堪布岡夏（KHENPO GANGSHAR，二十世紀）：邱陽．創巴仁波切與創古仁波切共同的根本上師之一。除了是博學的學者之外，也以諸多瘋狂的瑜伽士行徑聞名。

龍欽巴（LONGCHENPA，1308-1363）：藏王赤松德贊之女貝瑪薩（Pema Sal，蓮花明）公主的再轉世。蓮師將自己稱爲《空行心滴》（*Khandro Nyingthig*，康卓寧體）的大圓滿傳承託付給他。龍欽巴被認爲是大圓滿教法最重要的作家，他的著作包括《七寶藏》《三套三論》❶，以及他對《四心滴》的釋論。

❶包括：三休息論、三自解脫論、遣除黑暗三論，分別是《大圓滿心性休息論》《大圓滿靜慮休息論》和《大圓滿幻變休息論》，《大圓滿心性自解脫論》《大圓滿法性自解脫論》《大圓滿平等性自解脫論》，以及龍欽巴為《祕密藏續》所寫的三本釋論：《遣除十方諸暗》《遣除心暗》《遣除無明暗》。

密勒日巴（MILAREPA，1040-1123）：西藏宗教史上最聞名的瑜伽士和詩人之一。噶舉派的許多教法皆由他而來。

米龐仁波切（MIPHAM RINPOCHE，1846-1912）：蔣貢・工珠、蔣揚・欽哲・汪波及巴楚仁波切（Paltrul Rinpoche）的弟子。曾受文殊菩薩的加持，成爲所屬時代中最偉大的學者之一。著作合集超過三十函。大弟子爲雪謙・嘉察・貝瑪・南嘉。

那洛巴（NAROPA）：偉大的印度大成就者，帝洛巴的大弟子，瑪爾巴的上師。請參閱波士頓香巴拉出版社（Shambhala Publications）一九九九年發行的《那洛巴的生平與教導》（*The Life and Teachings of Naropa*，暫譯）。

紐修・堪仁波切（NYOSHUL KHEN RINPOCHE，1932-1999）：生前

被認爲是寧瑪派最偉大的在世學者。他以即興詩作及了悟道歌而聞名，是寧瑪派耳傳的傳承持有者之一，此傳承來自吉美．林巴和巴楚仁波切。

貝瑪．噶波（PEMA KARPO，1527-1692）：第四任竹千仁波切，竹巴噶舉傳承的法主，以其學識和成就享譽盛名。

貝瑪．勒哲．匝（PEMA LEDREL TSAL，1291-1315?）：藏王赤松德贊之女蓮花明公主的轉世，發掘蓮師的大圓滿教法《空行心滴》。轉世爲龍欽巴。

普賢王如來（SAMANTABHADRA）：佛果的本初證悟境界，所有其他寂靜和忿怒壇城的諸佛皆由其化現而成。此佛的要素爲一切續法的究竟來源。

森格・旺秋（SENGE WANGCHUK，十一至十二世紀）：傑尊・森格・旺秋名列於心滴傳承的傳承上師之中。由於具有極高的證量，圓寂時肉身消失於虹光之中。

雪謙・嘉察・貝瑪・南嘉（SHECHEN GYALTSAB PEMA NAMGYAL，1871-1926）：米龐仁波切的大弟子及傳承持有者。他是頂果欽哲仁波切的根本上師之一。

德達・林巴・究美・多傑（TERDAG LINGPA GYURME DORJE，1646-1714）：中藏地區敏珠林寺的創建者，該寺為寧瑪派寺院中最重要的寺院之一。德達・林巴在即將圓寂前所誦的偈文，尤其受到後人紀念。

帝洛巴（TILOPA）：介於十、十一世紀的偉大印度大成就者，那洛巴的上師，噶舉傳承之父。

策勒・那措・讓卓（TSELE NATSOK RANGDROL，於一六〇八年生）：偉大的竹巴噶舉大師果倉巴的轉世，被認爲是密勒日巴的化身。蔣揚・欽哲・確吉・羅卓和頂果欽哲仁波切皆十分推崇研讀他的著作，因其特別適合此世代的眾生。

措竹・讓卓（TSOKDRUG RANGDROL，十六世紀）：竹巴噶舉大師。本書收錄的著作，是他在第三世康祖仁波切（1569-1637）那旺・貢噶・丹增的請求下所寫的。

祖古・烏金仁波切（TULKU URGYEN RINPOCHE，1920-1996）：噶舉與寧瑪教法的持有者，二十世紀藏傳佛教中最偉大的上師之一，是將大圓滿教法傳播到西方的關鍵人物。

無垢友（VIMALAMITRA，梵音：毗瑪拉米札）：與蓮師和毗盧遮那同爲在九世紀於西藏建立大圓滿教法——特別是口訣部——的三大先驅。據說他證得了虹光身。

伊喜·措嘉（YESHE TSOGYAL，九世紀）：蓮師的女性大弟子，從蓮師處領受幾乎所有蓮師在西藏傳授的教法，並將其匯編。她在世兩百多年，之後前往銅色山，沒有留下任何肉身。

詞彙解釋

中陰（藏文：BARDO）：過渡的階段，中間的狀態。一般的中陰教誡概述六種中陰。其中的「禪定中陰」與「睡夢中陰」這兩種，發生於此生的中陰（生有中陰）之中；「此生」的定義為出生後到死亡為止的期間。死亡的過程稱為「臨終中陰」。「法性中陰」在死亡時，外息與內息停止後隨即出現。最後，心識尋找新的投胎轉世，稱為「投生中陰」。

菩提心（梵文：BODHICHITTA）：參見「菩薩」（bodhisattva）。

菩提薩埵（梵文：BODHISATTVA，簡稱「菩薩」）：已發菩提心者，因此是大乘道的修行者。菩提心是爲了利益一切有情眾生而想要獲得證悟的願望。這個詞特別用來指稱已經證得初地以上的聖者菩薩。

五方佛（BUDDHAS OF THE FIVE FAMILIES）：參見「五方佛父」及「五方佛母」。

圓滿次第（COMPLETION STAGE）：金剛乘修持的兩個面向之一。有相的圓滿次第指的是瑜伽的修持，例如拙火。無相的圓滿次第是大圓滿的修持。另請參見「生起與圓滿」（development and completion）。

魔羅（DEMONS，梵文：MARA）：有四魔。第一個是死主魔，能令我們的壽命截短。第二個是五蘊魔，能妨礙修行者證得虹光身。第三個是煩惱魔，是導致眾生無法從輪迴中解脫的三毒。最後是天子魔，也就是拖延和散漫。眞正的魔是我們的分別妄念。經由認識自心體性，能夠擊敗所有的魔；征服四魔，便可消除所有障礙。

生起與圓滿（DEVELOPMENT AND COMPLETION）：金剛乘修持的兩個主要面向，也就是方便與智慧。

生起次第（DEVELOPMENT STAGE）：金剛乘修持的兩個面向之一。涉及以意念創造清淨的形相，以便淨化習氣。生起次第的精髓是清淨觀，也就是將所見、所聞、所思分別感知爲本尊、咒語、智慧。

大圓滿（藏文：DZOGCHEN）：舊譯寧瑪派的最高教法，也稱爲阿底瑜伽。大圓滿教法有兩個主要面向：經典傳承及教法傳承。經典包含於大圓滿心、界、口訣三部的續典當中。教法傳承則體現於從大圓滿傳承具德上師及持有者處親自領受的口傳教誡。

常見與斷見（ETERNALISM AND NIHILISM）：哲學觀點領域中的兩個極端。「常見」是認爲萬法皆由一個恆存且無因的造物者所來，特別是認爲人的本體或心識有著獨立、永恆、單一的具體本質這種想法。「斷見」在藏文中的字面意思是「中止的見解」，這是一種虛無的極端見解，認爲沒有投生或業力之類的事，且心在死亡時即不存在。

五蘊（FIVE AGGREGATES）：組成有情眾生肉體與精神構成要素的五個面向：色（物質形相）、受（感受）、想（概念）、行（形成）、識（心識）。

五大、五大種（FIVE ELEMENTS）：地、水、火、風、空。

五方佛母（FIVE FEMALE BUDDHAS）：界自在母（Dhatvishvari，大日如來的佛母）、瑪瑪姬佛母（Mamaki，寶生佛的佛母）、慧眼佛母

（Lochana，不動佛的佛母）、白衣佛母（Pandaravasini，阿彌陀佛的佛母）、三昧耶度母（Samayatara，不空成就佛的佛母）。

五方佛父（FIVE MALE BUDDHAS）：大日如來（梵文：Vairotsana，毗盧遮那，意思：遍照護）、不動佛（Akshobhya）、寶生佛（Ratnasambhava）、阿彌陀佛（Amitabha）、不空成就佛（Amoghasiddhi）。

業（梵文：KARMA）：善行產生善果、不善行產生不善果的無誤法則。特別指念頭、言語、行爲的自發行動，其結果將決定個別有情眾生的投生及經歷。

古蘇魯（梵文：KUSULU）：一類自然而爲的瑜伽士。

大手印（梵文：MAHAMUDRA）：字面的意思爲「大印」，是相當直接以了悟自身佛性的修持方法。根據噶舉、格魯、薩迦等新譯派，這個教法體系構成了金剛乘修持的基本見地。尤其它不憑藉哲學推論，而是直接引見我們本然狀態的根本見地。

方便與智慧（MEANS AND KNOWLEDGE，梵文：PRAJNA AND UPAYA）：了悟無我的智慧，以及使此了悟發生的方法。

中道、中觀（MIDDLE WAY，梵文：MADHYAMAKA）：佛教四大哲學教派中的最高者。「中觀」指不持有任何的邊見，尤其是常見或斷見。

心（MIND，藏文：SEM）：認爲有自他二元的相對、迷妄心。

清淨觀（PURE PERCEPTION）：金剛乘修持的一項特質，即要以事物的實相，而非我們認爲的凡俗、迷妄方式來觀待事物。舉例，所謂凡俗、迷妄的方式即是把地大視爲固體的物質，把水大視爲只是水，把風大視爲就是風等等。在實相上，我們所經驗的凡俗五大，乃是五方佛母；五蘊則是五方佛父。因此，修持清淨觀，不是說服自己接受事物是另一回事，而是訓練自己以事物的眞實面貌來觀待。

虹光身（RAINBOW BODY）：經由大圓滿「頓超」的修持，而耗盡一切執取與執念的修行者，在死亡時發生的狀況，即肉體的五大消融而返回其五色光的本質，有時候只留下頭髮和指甲。

共通與殊勝的悉地、成就（SIDDHIS, COMMON AND SUPREME）：透過禪修帶來的成就。殊勝的悉地是成就圓滿的佛果。共通的悉地包括八種神通，例如隱身、迅行和天眼。

三種概念、三輪（THREE CONCEPTS）：主體、客體、行爲的概念。

伏藏（TREASURE，藏文：TERMA）：主要由蓮師和伊喜·措嘉以文本或物品的形式隱藏於弟子心中的法教，有待後世由伏藏師取出以利益未來世代的弟子。

伏藏師（TREASURE REVEALER，藏文：TERTON）：由蓮師遴選，在特定時間取出特定伏藏的人。通常是蓮師二十五大弟子之一的化身。

金剛乘（VAJRAYANA）：字面的意思爲「金剛的車乘」。此乘教導以果爲道的修持方法，也稱爲「密咒」。

橡樹林文化 ❖❖ 善知識系列 ❖❖ 書目

JB0104	一行禪師談生命真正的快樂： 金錢與權力能帶給你什麼？	一行禪師◎著	300 元
JB0105	一行禪師談正念工作的奇蹟	一行禪師◎著	280 元
JB0106	大圓滿如幻休息論	堪布徹令多傑仁波切◎著	320 元
JB0107	覺悟者的臨終贈言：《定日百法》	帕當巴桑傑大師◎著 堪布慈囊仁波切◎講述	300 元
JB0108	放過自己：揭開我執的騙局，找回心的自在	圖敦．耶喜喇嘛◎著	280 元
JB0109	快樂來自心：禪修空性、無常、愛他人， 幸福美好從此源源不絕	喇嘛梭巴仁波切◎著	280 元
JB0110	正覺之道．佛子行廣釋	根讓仁波切◎著	550 元
JB0111	中觀勝義諦	果煜法師◎著	500 元
JB0112	觀修藥師佛——祈請藥師佛，能解決你的 困頓不安，感受身心療癒的奇蹟	堪千創古仁波切◎著	300 元
JB0113	與阿姜查共處的歲月	保羅．布里特◎著	300 元
JB0114	正念的四個練習	喜戒禪師◎著	300 元
JB0115	揭開身心的奧秘：阿毗達摩怎麼說？	善戒禪師◎著	420 元
JB0116	一行禪師講《阿彌陀經》	一行禪師◎著	260 元
JB0117	一生吉祥的三十八個祕訣	四明智廣◎著	350 元
JB0118	狂智	邱陽創巴仁波切◎著	380 元
JB0119	療癒身心的十種想——兼行「止禪」與「觀禪」 的實用指引，醫治無明、洞見無常的妙方	德寶法師◎著	320 元
JB0120	覺醒的明光	堪祖蘇南給稱仁波切◎著	350 元
JB0121	大圓滿禪定休息論	大遍智　龍欽巴尊者◎著	320 元
JB0122	正念的奇蹟（電影封面紀念版）	一行禪師◎著	250 元
JB0123	一行禪師　心如一畝田：唯識 50 頌	一行禪師◎著	360 元
JB0124	一行禪師 你可以不生氣：佛陀的最佳情緒處方	一行禪師◎著	250 元
JB0125	三句擊要： 以三句口訣直指大圓滿見地、觀修與行持	巴珠仁波切◎著	300 元
JB0126	六妙門：禪修入門與進階	果煜法師◎著	400 元
JB0127	生死的幻覺	白瑪格桑仁波切◎著	380 元

JB0128	狂野的覺醒：大手印與大圓滿之旅	竹慶本樂仁波切◎著	400 元
JB0129	禪修心經——萬物顯現，卻不真實存在	堪祖蘇南給稱仁波切◎著	350 元
JB0130	頂果欽哲法王　上師相應法	頂果欽哲法王◎著	320 元
JB0131	大手印之心：噶舉傳承上師心要教授	堪千創古仁波切◎著	500 元
JB0132	平心靜氣：達賴喇嘛講《入菩薩行論》〈安忍品〉	達賴喇嘛◎著	380 元
JB0133	念住內觀：以直觀智解脫心	班迪達尊者◎著	380 元
JB0134	除障積福最強大之法——山淨煙供	堪祖蘇南給稱仁波切◎著	350 元
JB0135	撥雲見月：禪修與祖師悟道故事	釋悟因◎著	350 元
JB0136	醫者慈悲心：對醫護者的佛法指引	確吉．尼瑪仁波切 大衛．施林醫生◎著	350 元
JB0137	中陰指引——修習四中陰法教的訣竅	確吉．尼瑪仁波切◎著	350 元
JB0138	佛法的喜悅之道	確吉．尼瑪仁波切◎著	350 元
JB0139	當下了然智慧：無分別智禪修指南	確吉．尼瑪仁波切◎著	360 元
JB0140	生命的實相——以四法印契入金剛乘的本覺修持	確吉．尼瑪仁波切◎著	360 元
JB0141	邱陽創巴仁波切 當野馬遇見馴師：修心與慈觀	邱陽創巴仁波切◎著	350 元
JB0142	在家居士修行之道——印光大師教言選講	四明智廣◎著	320 元
JB0143	光在，心自在 〈普門品〉陪您優雅穿渡生命窄門	釋悟因◎著	350 元
JB0144	剎那成佛口訣——三句擊要	堪祖蘇南給稱仁波切◎著	450 元
JB0145	進入香巴拉之門——時輪金剛與覺囊傳承	堪祖嘉培珞珠仁波切◎著	450 元
JB0146	（藏譯中）菩提道次第廣論： 抉擇空性見與止觀雙運篇	宗喀巴大師◎著	800 元
JB0147	業力覺醒：揪出我執和自我中心， 擺脫輪迴束縛的根源	圖丹．卻准◎著	420 元
JB0148	心經——超越的智慧	密格瑪策天喇嘛◎著	380 元
JB0149	一行禪師講《心經》	一行禪師◎著	320 元
JB0150	寂靜之聲——知念就是你的皈依	阿姜蘇美多◎著	500 元
JB0151	我真正的家，就在當下—— 一行禪師的生命故事與教導	一行禪師◎著	360 元
JB0152	達賴喇嘛講三主要道—— 宗喀巴大師的精華教授	達賴喇嘛◎著	360 元
JB0153	輪迴可有道理？—— 五十三篇菩提比丘的佛法教導	菩提比丘◎著	600 元

Published by agreement with Rangjung Yeshe Publications through the Chinese Connection Agency, a division of The Yao Enterprises, LLC.

善知識系列　JB0156

朗然明性：藏傳佛教大手印及大圓滿教法選集
Perfect Clarity: A Tibetan Buddhist Anthology of Mahamudra and Dzogchen

作　　者／蓮花生大士、伊喜．措嘉、龍欽巴、密勒日巴、祖古．烏金仁波切等大師
譯　　者／普賢法譯小組
責任編輯／陳怡安
業　　務／顏宏紋

總 編 輯／張嘉芳
出　　版／橡樹林文化
城邦文化事業股份有限公司
104 台北市民生東路二段 141 號 5 樓
電話：(02)2500-7696　傳真：(02)2500-1951
發　　行／英屬蓋曼群島商家庭傳媒股份有限公司城邦分公司
104 台北市中山區民生東路二段 141 號 5 樓
客服服務專線：(02)25007718；25001991
24 小時傳眞專線：(02)25001990；25001991
服務時間：週一至週五上午 09:30 ～ 12:00；下午 13:30 ～ 17:00
劃撥帳號：19863813　戶名：書虫股份有限公司
讀者服務信箱：service@readingclub.com.tw
香港發行所／城邦（香港）出版集團有限公司
香港灣仔駱克道 193 號東超商業中心 1 樓
電話：(852)25086231　傳眞：(852)25789337
Email：hkcite@biznetvigator.com
馬新發行所／城邦（馬新）出版集團 Cite (M) Sdn Bhd
41, Jalan Radin Anum, Bandar Baru Sri Petaling,
57000 Kuala Lumpur, Malaysia.
電話：(603)90563833　傳眞：(603)90576622
Email:services@cite.my

內文排版／歐陽碧智
封面設計／周家瑤
印　　刷／韋懋實業有限公司

初版一刷／ 2023 年 1 月
ISBN ／ 978-626-7219-13-3
定價／ 400 元

城邦讀書花園
www.cite.com.tw

國家圖書館出版品預行編目（CIP）資料

朗然明性：藏傳佛教大手印及大圓滿教法選集 / 蓮花生大士，伊喜．措嘉，龍欽巴，密勒日巴，祖古．烏金仁波切等大師著；普賢法譯小組譯．-- 初版．-- 臺北市：橡樹林文化，城邦文化事業股份有限公司出版：英屬蓋曼群島商家庭傳媒股份有限公司城邦分公司發行，2023.01
面；　公分．--（善知識系列；JB0156）
譯自：Perfect clarity : a Tibetan Buddhist anthology of Mahamudra and Dzogchen
ISBN 978-626-7219-13-3（平裝）

1.CST: 藏傳佛教　2.CST: 佛教修持

226.965　　　111020179

廣　告　回　函
北區郵政管理局登記證
北 台 字 第 10158 號

郵資已付　免貼郵票

104 台北市中山區民生東路二段 141 號 5 樓

城邦文化事業股份有限公司

橡樹林出版事業部　收

請沿虛線剪下對折裝訂寄回，謝謝！

橡樹林

書名：朗然明性：藏傳佛教大手印及大圓滿教法選集　書號：JB0156

橡樹林文化

讀者回函卡

感謝您對橡樹林出版社之支持，請將您的建議提供給我們參考與改進；請別忘了給我們一些鼓勵，我們會更加努力，出版好書與您結緣。

姓名：________________ □女 □男 生日：西元________年

Email：________________________________

● 您從何處知道此書？

□書店 □書訊 □書評 □報紙 □廣播 □網路 □廣告 DM □親友介紹

□橡樹林電子報 □其他________

● 您以何種方式購買本書？

□誠品書店 □誠品網路書店 □金石堂書店 □金石堂網路書店

□博客來網路書店 □其他________

● 您希望我們未來出版哪一種主題的書？（可複選）

□佛法生活應用 □教理 □實修法門介紹 □大師開示 □大師傳記

□佛教圖解百科 □其他________

● 您對本書的建議：

____

____

____

____

____

我已經完全瞭解左述內容，並同意本人資料依上述範圍內使用。

________________（簽名）

處理佛書的方式

佛書內含佛陀的法教，能令我們免於投生惡道，並且爲我們指出解脫之道。因此，我們應當對佛書恭敬，不將它放置於地上、座位或是走道上，也不應跨過。搬運佛書時，要妥善地包好、保護好。放置佛書時，應放在乾淨的高處，與其他一般的物品區分開來。

若是需要處理掉不用的佛書，就必須小心謹慎地將它們燒掉，而不是丟棄在垃圾堆當中。焚燒佛書前，最好先唸一段祈願文或是咒語，例如唵（OM）、啊（AH）、吽（HUNG），然後觀想被焚燒的佛書中的文字融入「啊」字，接著「啊」字融入你自身，之後才開始焚燒。

這些處理方式也同樣適用於佛教藝術品，以及其他宗教教法的文字記錄與藝術品。

ཡི་གེ་ཉི་ཤུ་རྩ་དྲུག་པ་འདི་དཔེ་ཆའི་ནང་དུ་བཞག་ན་དཔེ་ཆ་དེ་ཅི་འདྲར་

བགོམས་ཀྱང་ཉེས་པ་མི་འབྱུང་བར་འཇམ་དཔལ་རྩ་རྒྱུད་ལས་གསུངས་སོ།།

此咒置經書中　可滅誤跨之罪